Chuck Spezzano

Dein Herz ruft nach Liebe

vianova
Verlag Via Nova

CHUCK SPEZZANO

DEIN HERZ RUFT NACH LIEBE

Wie deine Partnerschaft erblühen kann

vianova
Verlag Via Nova

Übersetzung aus dem Englischen:
Dr. Nirvana Verena Moser

Originaltitel:
The Call of the Heart

1. Auflage 2017

Verlag Via Nova, Alte Landstr. 12, 36100 Petersberg

Telefon: (06 61) 6 29 73

Fax: (06 61) 96 79 560

E-Mail: info@verlag-vianova.de

Internet: www.verlag-vianova.de / www.transpersonale.de

Umschlaggestaltung: Guter Punkt, München

Satz: Sebastian Carl, Amerang

Druck und Verarbeitung: Appel und Klinger, 96277 Schneckenlohe

ISBN 978-3-86616-390-4

Zum Andenken an meine Eltern,
Peter und Katharine,
und
meine Schwiegereltern,
Karl und Enid

Inhalt

Einleitung

Der Ruf des Herzens ist der Ruf zur Liebe. Liebe möchte auf andere zugehen und sich teilen. Sie möchte sich ausdehnen und verbinden. Sie möchte sich in der Freude sonnen, die aus Geben entsteht, und im Gegenzug geliebt werden. Sie möchte nicht urteilen. Sie möchte nicht recht haben. Sie möchte nicht konkurrieren. Sie möchte nur lieben und in dieser Liebe den Weg zur ewigen Liebe finden. Um dies tun zu können, brauchen wir eine gewisse Disziplin des Verstandes, und wir müssen unsere Gedanken von Angriff und Selbstangriff fernhalten. Wenn wir lernen, uns selbst zu beobachten und unseren Kurs jedes Mal, wenn wir vom rechten Weg abweichen, zu korrigieren, dann wird uns das zum Himmel auf Erden führen. Göttliche Liebe kommt, wenn sie gerufen wird, denn unsere Liebe lädt sie ein.

Wenn wir uns aufgebracht und emotional fühlen, ist das ein sicheres Zeichen dafür, dass *wir* vom Kurs abgekommen sind. Vielleicht geht es anderen Menschen um uns herum auch so, aber es gilt definitiv für uns. Wenn wir unsere Emotionen als eindeutiges Zeichen dafür sehen, dass wir unseren Kurs korrigieren müssen, können wir sie zur Heilung verwenden. Dadurch werden sie in positive Gefühle verwandelt.

Emotionen zur Heilung einzusetzen bedeutet, dass wir Verantwortung für sie übernehmen und nicht in alle die Fallen tappen, die sie uns stellen können, wie z. B., eine tiefere Schicht der Angst, eine Form der Anklage oder eine Schuldzuweisung an einen anderen Menschen zu verbergen. Emotionen in die Falle zu gehen *kann* auch bedeuten, dass wir einen anderen Menschen als Beweis dafür, dass wir recht haben und dass er uns Unrecht getan hat, als eine Form der Konkurrenz, der Kontrolle oder sogar als emotionale Erpressung angreifen.

Wenn wir unsere Emotionen für eine *beliebige* Form von Negativität benutzen, verlieren wir den Nutzen, den sie uns bringen können: Auflösen, Reinigen, Loslassen von Anhaftungen, den Anfang der Kommunikation und Heilung. Sie können sogar zu einem Portal der Einweihung werden, wenn sie richtig verwendet werden. Wir dürfen uns dazu entscheiden, ob wir sie verwenden, um durch Kommunikation Brücken zu bauen und Verbindung herzustellen, oder ob wir sie gegen die Heilung als Form von Angriff oder Selbstangriff durch unser Leiden einsetzen.

Wenn wir unseren Emotionen kein Ende setzen, werden sie zu *Mustern* aus der Vergangenheit, die wir benutzen, um unsere Gegenwart zu verdunkeln. An der Wurzel jedes Problems, das wir haben, befinden sich Emotionen. Wir möchten keinen Schmerz spüren, und wenn wir es tun, versuchen wir, dafür einem anderen Menschen die Schuld zu geben. Wir übertragen ihm die Verantwortung, so, als ob es *seine* Aufgabe wäre, sich zu ändern, damit wir uns besser fühlen. Und selbst wenn sich der andere Mensch ändern würde, hätten wir immer noch den Mechanismus des Leidens und der Selbstvereitlung in uns. Wenn wir uns nicht geändert haben, ist diese Emotion immer noch in uns, bis wir sie heilen.

Mit emotionaler Reife übernehmen wir für alle Probleme, die auftauchen, die Verantwortung und gehen auf sie ein, anstatt darauf zu reagieren. Wir suchen nach Wegen, zu verstehen, zu akzeptieren, zu verzeihen und loszulassen. Wir erkennen, dass sogar dann, wenn es so aussieht, als ob sich jemand anderes schlecht verhalten hätte, wir uns in geheimer Absprache bezüglich dieses Fehlers befinden und dazu beigetragen haben. Jede Emotion zeigt etwas außerhalb von uns, dem wir anhaften. Diese Anhaftungen führen früher oder später zu Schmerzen. Anhaftungen sehen wie Liebe aus, was das Nehmen verbirgt. Dies passiert so lange, bis unser Bedürfnis vereitelt wird, und dann reagieren wir.

Der Weg des Rufs nach Liebe bedeutet, darauf zu achten, dass wir Liebe über alle anderen Ziele stellen. Alle unsere negativen Emotionen entstehen aus Angst, und alle unsere positiven Emotionen entstehen aus Liebe. Wir können unser ganzes Leben damit verbringen, unsere Emotionen zu vermeiden, was nur dazu führt, dass wir sie auf später verschieben, oder wir können jetzt dem Pfad der Liebe folgen. Wir können mit unseren Emotionen umgehen, sobald sie auftauchen. Und wir können sie einsetzen, um uns in größere Liebe zu verwandeln.

Während wir unsere Emotionen heilen, entwickelt sich unsere Liebe zu Göttlicher Liebe, indem wir die Wände auflösen, die das Ego auf Emotionen errichtet hat. Wir reifen zu einem guten Partner heran, helfen anderen, verwirklichen unsere Lebensaufgabe und helfen der Welt. Wir wachsen in unsere Bestimmung hinein. Wir werden zu dem, was wir in der Welt sein wollten. Schließlich begeben wir uns darüber hinaus zu unserer Göttlichen Bestimmung. Wir stehen mit einem Fuß im Himmel und einem Fuß in dieser Welt. Wir können lernen und wachsen, indem wir unsere Emotionen benutzen. Während wir durch Heilung unsere Seelenlektionen lernen, wird unsere Lebensaufgabe sogar noch effektiver und wir fühlen uns sogar noch mehr erfüllt.

Der Pfad der Liebe ist ein glücklicher Weg. Der Himmel als die wahre und ewige Liebe ruft unser Herz, und unser Herz antwortet. Es ist der Ruf von Liebe zu Liebe, der uns hilft, uns an unsere essenzielle Identität zu erinnern. Wir werden in dieser Göttlichkeit geliebt. In diesem Einssein ist jeder Mensch. Gott lebt in unserem Herzen als Liebe, und unsere Essenz ist diese Liebe. Während unsere alten und uralten Emotionen aus unserem Innern zur Heilung aufsteigen und freigesetzt werden, erfahren wir, wer wir wirklich sind. Alles ergibt sich von selbst.

Lasst uns danach streben, in jedem Augenblick zu lieben und diese freundliche Atmosphäre mit allen zu teilen und die Freude zu spüren, die sie mit sich bringt. Wir können uns diesem Ziel jeden Morgen beim Aufwachen verpflichten. Jeden Abend können wir über unseren Tag nachdenken und in unserem Bewusstsein korrigieren, wenn wir versäumt haben, dem Ruf der Liebe zu folgen. Wir können uns am nächsten Tag erneut der Liebe widmen. Andere Herzen werden den Ruf unseres Herzens hören. Während wir auf diese Weise fortfahren, werden Herzen, die lange gefangen und sogar verloren in der Hölle waren, darauf antworten, weil die Freude, die wir verströmen, unwiderstehlich ist. Wenn wir die Liebe einladen, kann unser Leben zu einem Denkmal der Liebe werden. Unsere Erfüllung wird die Erfüllung anderer verstärken. Welch ein Leben ist für uns möglich! Und ganz gleich, in welcher Phase des Lebens wir uns befinden, wir können den Ruf unseres Herzens jetzt als unsere neue Richtung annehmen und uns dorthin wenden.

Himmel auf Erden

Die Grundsätze der emotionalen Reife

1. Jede Verstimmung, die du spürst, ist *dein* Problem und gleichzeitig auch *deine* Gelegenheit.
2. Du bist für jegliche Negativität verantwortlich, die erscheint. Alles, was passiert, ist aus deinen Überzeugungen und deinen Wünschen entstanden. Jede Verstimmung entsteht aus der Identität, die du aufgebaut hast. Jedes negative Ereignis kann von deinem höheren Selbst auch zur Heilung und für Ganzheit benutzt werden. Ganz gleich, was du tust, *du* darfst entscheiden, welchem Weg du folgen möchtest.
3. Wenn du dich für dein Ego entscheidest, wirst du dich zu Recht empört, wütend oder verletzt fühlen. Du wirst angreifen oder dich zurückziehen. Wenn du dich für den Pfad des Egos entscheidest, wirst du auch *dich selbst* angreifen.
4. Die beste Methode, um mit einer Verstimmung umzugehen, besteht darin, dass du dich in dem Augenblick ertappst, indem du dein Zentrum verlässt, und dich dann für emotionale Reife, Heilung und Glücklichsein entscheidest. Die Alternative ist ein dunkler Pfad der Schmerzen, der dein Ego und seine Angst, seine Schuld und sein Gefühl der Schwachheit stärkt.
5. Der Schmerz, den du fühlst, stammt aus der Vergangenheit. Wenn er sich in der Verkleidung eines aktuellen Problems zeigt, wirst du entweder das Muster der Empörung fortsetzen, es verstärken und das Glaubenssystem des Egos unterstützen, das dazu geführt hat, oder du kannst diesen alten Schmerz aus der Vergangenheit jetzt zur Transformation nutzen.

6. Jede Verstimmung stellt eine Goldmine der Heilung dar. Du kannst diese Emotion verwenden, um die Verstimmung bis zu ihrer Wurzel zurückzuverfolgen, indem du der Emotion nachspürst oder deine Intuition benutzt. Die zugrundeliegende Ursache zu heilen bedeutet, dass das gesamte Muster auf elegante Weise geheilt wird.

7. Wenn du Verantwortung übernimmst, gehst du auf dich selbst, auf andere und auf die Situation ein. Die Alternative ist ein Kreislauf aus Schuld-Urteil-Anschuldigung, den du dir und anderen auferlegst. In der Vergangenheit und der Gegenwart erfolgte Fehler können korrigiert werden. Die spirituelle und psychologische Wahrheit ist Unschuld. Eine Emotion zeigt dir, dass du einem anderen Menschen die Schuld für etwas gibst. Wenn du *irgendjemand* als schuldig betrachtest, ist dies ein Zeichen dafür, dass du dieses Maß an Schuld selbst in dir trägst. Halte in einer Situation erst dann inne, wenn du die Unschuld aller Beteiligten festgestellt hast. Schuld führt zu Selbstbestrafung. Unschuld befreit die Welt und ist ein wesentlicher Aspekt des Himmels auf Erden.

8. Aller Schmerz, alle Angst und alle Schuld entstehen daraus, dass *wir* uns von anderen trennen und dem, was „sie" getan haben, anschließend die Schuld für die Trennung geben. Diese Menschen haben unsere Hilfe gebraucht. Stattdessen haben wir sie benutzt, um uns zu trennen und unabhängig zu werden. Dies ist ein Muster, das unser Ego seit dem Sündenfall verfolgt hat.

9. Niemand außer uns enthält uns etwas vor. Niemand außer uns zwingt uns zur Aufopferung. Jedes negative Ereignis ist eine Form der Aufopferung. Wir benutzen diese Aufopferung für Angriff, Konkurrenz, Verstecken, Rache, dem Weglaufen vor unserer Lebensaufgabe und unserer Bestimmung sowie für den Kampf mit Gott. Dies dient alles nur dazu, unser Ego zu erhalten. Wir versuchen, ein Idol in einer Welt zu besitzen, von dem wir glauben, dass es uns glücklich machen wird. Daher stellen wir uns der Gnade in den Weg und weichen dem *Ruf des Herzens* aus – der einen Strom der Gnade mit sich bringt.

10. Bei jeder Heilungsgelegenheit in unserem Leben wollen wir heilen, und wir wollen auch nicht heilen. Wir wollen nicht heilen, weil wir die hart erworbene Trennung und Identität nicht verlieren möchten, die wir aufgebaut haben. Dies erzeugt verborgenen und weniger verborgenen Widerstand gegenüber Veränderung und Heilung.

11. In unserem Leben kann Evolution geschehen. Da wir jeden Tag bewusst und unbewusst unsere Entscheidungen treffen, ist es hilfreich, wenn wir uns daran erinnern, dass es einen besseren Weg gibt, einen Weg, der immer mehr Liebe, Glücklichsein, Wahrheit und Integrität mit sich bringt. Alle Evolution führt zu größerem Frieden und mehr Ganzheit.
12. Wahrhaftig zu helfen und anderen zu Diensten zu sein ist eines der größten Heilungsprinzipien. Es erfüllt uns und schenkt uns Glücklichsein und Selbstwert als Teil unserer Lebensaufgabe.
13. Geben öffnet die Tür für Empfangen. Was auch immer wir geben, geben wir in Wirklichkeit uns selbst. Geben und Empfangen sind beide Formen der Liebe. Wenn wir schließlich erkennen, dass wir ein und dasselbe sind, haben wir die Dualität transzendiert.
14. Unsere Identität als ein Ego entsteht aus Trennung und Urteilen. Trennung und Urteilen sind die Wurzeln von all unserem Leiden, unserer Angst und unserer Schuld. Jedes negative Ereignis in unserem Leben und die Schuld, die wir anderen als Folge davon zuweisen, sollte unseren Wunsch verbergen, uns zu trennen und uns selbst zu bestrafen.
15. Rollen entstehen aus der Trennung. Auf die Trennung folgt Kompensation, um den Schmerz zu verstecken, um uns eine Ausrede zu geben, die Dinge so zu tun, wie wir es haben wollen, und um uns der Ganzheit zu widersetzen. Unsere Dramen verbergen die Angst, die wir vor Intimität und Erfolg haben. Unsere Dramen sind eine Art Wutanfall.
16. Das Ego investiert in den aktuellen Zustand, in Begrenzungen und Machtlosigkeit. Dies erzeugt einen Teufelskreis aus Opfersein und anschließendem Streben nach Kontrolle.
17. Der Selbstangriff durch eine *beliebige* Form des Opferseins stellt ein Manöver dar, das wir einsetzen, um eine andere Person anzugreifen.
18. Wir haben jeden Menschen, der „uns Unrecht angetan hat“, als einen Schleier benutzt, um unseren Selbstangriff zu verstecken.
19. Alle Probleme verbergen einen Groll. Alle Heilung enthält eine Form der Vergebung.

1

Was sich hinter Unwürdigkeit verbirgt

Unwürdigkeit entsteht durch Schuldgefühle und wird jedes Mal verstärkt, wenn wir urteilen. Wir benutzen Urteile, um uns überlegen zu fühlen. Urteilen soll uns trennen. Wie die meisten Lösungen des Egos führt Urteilen jedoch dazu, dass wir uns unwürdiger fühlen und in einen Teufelskreis aus Überlegenheit und Unterlegenheit geraten. Urteilen soll unsere Schuldgefühle nach außen projizieren und dadurch auflösen, vermehrt sie jedoch nur. Dies verstärkt unser Gefühl, unwürdig zu sein. Da unser Ego so sehr verurteilt, haben wir Angst, dass sich sein Urteil gegen uns wenden wird. Wenn wir vor etwas Angst haben, erleben wir es so, als wenn es bereits geschehen würde. Vor den Urteilen des Egos Angst zu haben bedeutet daher, diese Urteile bereits zu fühlen. Daher erleben wir uns als unwürdig. Unsere Unwürdigkeit führt zu Selbstzweifeln. Wir benutzen die Unwürdigkeit jedoch, um die Angst zu verstecken, die aus dem Ego entsteht. Dies geschieht insbesondere bezüglich der Angst davor, uns vorwärtszubewegen. Solange wir uns unwürdig fühlen, glauben wir, dass wir uns nicht vorwärtsbewegen oder uns unserer Angst stellen müssen. Wir verstecken uns hinter unserer Unwürdigkeit.

Unsere Unwürdigkeit ist entstanden, weil wir wichtige Menschen in unserem Leben als unwürdig verurteilt haben. Als wir sie als unwürdig verurteilt haben, haben wir uns gleichzeitig ebenso verurteilt. Als Folge unseres Urteils rechnen wir damit, dass wir ebenfalls entsprechend verurteilt werden.

Wir beziehen diejenigen, die wir als geringer als uns selbst betrachten, nicht in unsere automatische und gewohnheitsmäßige Kalkulation hinsichtlich von Verbindung und Zugehörigkeit ein. Und in dem gleichen Ausmaß, in dem wir uns selbst nicht einbeziehen, weil wir uns als unwürdig verurteilen, glauben wir auch, dass wir von anderen nicht einbezogen werden. Dadurch entsteht ein Teufelskreis aus Unwürdigkeit und Angst. Die Unwürdigkeit nistet sich in uns ein, und als Folge davon haben wir das Gefühl, weder Liebe, Erfolg noch Leichtigkeit zu verdienen. Sobald wir erkannt haben, dass wir nicht in unserer Unwürdigkeit verweilen müssen, sondern dass es sich um etwas handelt, was wir irrtümlich benutzt haben, um einen Gewinn zu erhalten, können wir uns für das entscheiden, was wir wirklich wollen.

2

Burnout und Angst – Was sie uns zeigen

Burnout und Angst weisen auf eine weitverbreitete Falle hin: Wir verlassen uns auf uns selbst. Wir verhalten uns unabhängig und tun so, als ob wir allein wären. Wir lassen uns weder von anderen noch vom Himmel helfen. Dies beweisen (zumindest uns selbst) bestimmte Überzeugungen, die wir benutzt haben und die zeigen, dass wir recht haben. Wir haben diese Überzeugungen als Ausrede verwendet, um unseren Kopf durchzusetzen, die Kontrolle zu behalten, unabhängig zu bleiben und einen Menschen als den „Bösewicht" in unserem Leben zu behalten. Wir pflegen und hassen die Überzeugung, dass wir ein Opfer waren, und wir erhalten sie mit diesen zwei Emotionen aufrecht.

Unsere Angst ist, dass wir wieder zum Opfer werden. Wir kompensieren dafür, indem wir unabhängig sind. Mit diesem Muster bewahren und behalten wir unsere Aufopferung. Unser Burnout besagt, dass andere nicht hart genug arbeiten und dass wir alles selbst tun müssen. Wenn wir uns in Aufopferung befinden, möchten wir, dass sich andere zu unserem Muster der Aufopferung gesellen, um uns beim Tragen der Last zu helfen.

Burnout und Angst zeigen, dass ich versuche, alles allein zu machen. Sowohl Angst als auch Burnout tun so, als ob es keinen Himmel gäbe und Gott entweder nicht wirklich ist oder nicht hilft. Aber Gott muss uns schon seiner Natur nach helfen. Wenn wir um Hilfe bitten, öffnet uns dies für Gnade und Wunder. Die Angst erklärt: „Ich bin auf mich selbst angewiesen." Schwierigkeiten und die Aufopferung, die zu Burnout führen, sagen das Gleiche. Sowohl Angst als auch Burnout verstärken unsere Probleme. Das macht das Ego auf Kosten unseres Glücklichseins schadenfroh. Das Ego baut die Mauern auf, die unsere Verfügbarkeit blockieren. Das erhöht unsere Unfähigkeit, zu empfangen. So wächst die Wahrscheinlichkeit von Burnout und Angst.

Anstatt in unser Ego mit seiner Angst und seinem Burnout zu investieren, können wir uns für die Menschen um uns herum sowie für die Hilfe öffnen, die sie anbieten. Wir können uns auch für die Liebe und die Gnade des Himmels öffnen. Lass uns unsere Aufopferung aufgeben und erkennen, dass es nichts zu fürchten gibt. Angst ist eine Fantasie. Sie dreht sich um ein negatives Ergebnis, um eine Illusion, die aus Angriffsgedanken geboren wird. Jedes Mal, wenn wir mehr Gnade in unser Leben einladen, erfahren wir die Gnade, die Gottes Liebe für uns darstellt. Zu wissen, dass wir zutiefst geliebt werden, erlaubt uns zu wissen, dass uns geholfen wird. So können wir uns entspannen und uns sicher, zuversichtlich, glücklich und erfolgreich fühlen.

3

Der Teufelskreis

Ein Teufelskreis ist normalerweise das Vorhandensein von zwei Emotionen oder Dynamiken, die einander verstärken, sodass eine Abwärtsspirale in größere Dunkelheit entsteht. Schuldgefühle und Aggression sind ein derartiger Teufelskreis. Angst und Angriff sind ein weiterer, ebenso wie Angst und Rückzug. Schuldgefühle und Selbstbestrafung sind ein vierter Teufelskreis. Konkurrenz, Mangel und Angst bilden einen Teufelskreis ebenso wie Vergleichen und Schmerz, Bedürfnis und Angst, Widerstand und gespaltenes Bewusstsein, Hass und Selbsthass, Anhaften und Schmerz, Herzensbruch und Rache, Rückzug und Schuld, Rückzug und Aufopferung, um nur einige weitere zu nennen. Wenn dir bewusst wird, dass du in einem Teufelskreis gefangen bist, kannst du dich dazu entscheiden, davon frei zu sein. Entscheide dich dazu mit fester Absicht. Du kannst den Himmel bitten, dich durch die Luft aus dem Teufelskreis herauszuheben, weil der ganze Zweck des Teufelskreises darin besteht, deinem Vorwärtskommen ein Hindernis in den Weg zu setzen. Das Ego befindet sich im Kampf mit dem Himmel auf verlorenem Posten. Der Himmel reagiert nicht einmal darauf, weil er weiß, dass sich alles zum Guten wenden wird. Wenn dein Ego diesen Kampf mit dir vollkommen gewinnt, stirbst du. Dann stirbt jedoch auch dein Ego.

Der Himmel ist umweltfreundlich und glaubt an Recycling – es geht so weiter, bis du deine Lektionen lernst und dich von deinem Ego befreist und so deine göttliche Bestimmung annimmst.

Neben den abwärtsführenden Teufelskreisen gibt es auch Aufwärtsspiralen, wie Geben und Empfangen, Liebe und Dankbarkeit, Frieden und Gesundheit, Freundschaft und Helfen, Geschenke und Fluss, Verbundenheit und Leichtigkeit, Vergebung und Unschuld, Wahrheit und Freiheit, Akzeptanz und Bewegung,

Loslassen und mehr Perspektive. Teufelskreise verbergen die Gnade der Aufwärtsspiralen.

Während Teufelskreise dich Zeit kosten, sparen dir Aufwärtsspiralen Zeit. Wenn du dich selbst in einem Teufelskreis wie Angst und Mangel oder Machtkampf und Angst ertappst, dann such nach der *Aufwärtsspirale*, die dahinter verborgen ist. Wenn du die Aufwärtsspirale annimmst, wird der Teufelskreis problemlos hinwegschmelzen.

4

Nur durch meine Gedanken werde ich beeinflusst

„Nur durch meine Gedanken werde ich beeinflusst."
Ein Kurs in Wundern

Ein Kurs in Wundern besagt, dass diese Aussage der Weg zum Erwachen ist. Es ist diese Aussage, die erklärt, dass wir für das, was uns geschieht und was um uns herum geschieht, verantwortlich sind, weil es aus unserem Innern kommt. Unsere Gedanken verursachen unsere Emotionen. Unsere Gedanken geben uns die Bilder ein, aus denen die Welt erschaffen wird. Diese Worte zu erkennen, bedeutet, zu erkennen, dass unsere Macht in uns liegt und dass wir nicht Opfer einer planlosen, zufälligen Welt sind. Das, was mit uns geschieht, kommt aus unserem Innern. Wir haben die Wahl. Wir können anfangen, uns unserer Gedanken bewusst zu werden, und dabei ein wenig Disziplin einsetzen, damit wir nicht notgedrungen von der Wirkung unserer Gedanken überwältigt werden. Da wir nur durch unsere Gedanken beeinflusst werden, können wir unsere Einstellung und damit die Welt ändern. Indem wir unsere Gedanken ändern, ändern wir unsere Emotionen und unsere Erfahrung. Während wir unsere Einstellung ändern, ändern wir unsere Wahrnehmung. Wenn wir nur durch unsere Gedanken beeinflusst werden, dann sind wir nicht nur für unsere Emotionen, sondern für jede unserer Erfahrungen verantwortlich.

Je mehr wir Verantwortung übernehmen, umso weniger Angriffsgedanken, Beschwerden und Emotionen (sowohl als Angriff als auch als Beschwerde) haben wir. Und wenn wir unseren Angriff aufgeben, können wir Sicherheit und ein goldenes Leben genießen. Ohne Angriff fällt der Selbstangriff weg und *umgekehrt.*

Ein Kurs in Wundern sagt Folgendes über dieses Prinzip:

> Nur durch meine Gedanken werde ich beeinflusst ... Es braucht nur dies, um die Erlösung zu aller Welt kommen zu lassen. Denn in diesem einen Gedanken wird jeder endlich von der Angst befreit. Jetzt hat er gelernt, dass niemand ihn in Angst versetzt und dass ihn nichts gefährden kann. Er hat keine Feinde, und er ist sicher vor allen äußerlichen Dingen. Seine Gedanken können ihn in Angst versetzen, doch da diese Gedanken ihm allein gehören, hat er die Macht, sie zu verändern und jeden Gedanken der Angst gegen einen glücklichen Gedanken der Liebe einzutauschen. Er hat sich selbst gekreuzigt. Doch Gottes Plan ist, dass sein geliebter Sohn erlöst wird.
>
> *Ein Kurs in Wundern,* Übungsbuch, Teil II, Lektion 338,1:1-7

Schau dir dein Leben an und untersuche die negativen, schmerzhaften Ereignisse. Dies sind Orte, an denen du keine vollständige Verantwortung übernommen hast. Dies sind Orte, an denen es immer noch geheime Gewinne und Ego-Absichten gibt, die du verfolgst. Ganz gleich, was für Gewinne du ursprünglich aus solchen Ereignissen zu ziehen glaubtest, sei es Unabhängigkeit, Kontrolle, Rechthaben, Rache, Verstecken oder das Weglaufen vor deiner Lebensaufgabe, die zerstörerischen Dynamiken gehen immer noch weiter! Sie können leicht losgelassen werden, wenn du die Verantwortung für sie übernimmst.

Bei jeder dieser Dynamiken hast du dich vom Licht abgewendet und Pakte mit dem Ego geschlossen. Wie viele? Was wurde dir versprochen? Wenn du dich bei diesen Ereignissen wieder dem Licht zuwendest, werden diese Pakte mit dem Ego hinwegschmelzen. Du kannst in jedes dieser Ereignisse Liebe und Göttliche Liebe einladen, um dich und alle, die dort bei dir waren, zu befreien und zu ermächtigen. Du wirst aufhören, dich selbst zu kreuzigen, und du wirst die Mauern einreißen, die dich und die Menschen um dich herum seitdem vereitelt haben.

Wie viele Pakte mit dem Teufel (dem uralten Ego) hast du damals abgeschlossen? Was wurde dir versprochen? Hat sich das verwirklicht? Wie viele „Teufels"-Persönlichkeiten hast du angenommen? Wie hat sich das in deinem Leben gezeigt? Wie viele Teufel haben sich dir „angehängt"? Welche Wirkung haben sie auf dein Leben gehabt? Ruf einen deiner Freunde an höherer Stelle an, um all dies hinwegzuschmelzen und die „Teufel" dorthin zurückzuschicken, wo sie hingehören – zurück zum Licht.

5

Emotionen sind ein Zeichen für emotionalen Missbrauch

Unsere Emotionen signalisieren, dass wir jemandem oder etwas missbrauchen. Wir missbrauchen unsere Emotionen, um zu nehmen. Damit machen wir uns selbst und andere zu Objekten. Und während eine Emotion eine Beschwerde ist, dass wir Bedürfnisse nicht erfüllt bekommen, blockiert sie gleichzeitig das Empfangen, das uns Erfüllung schenken würde. Auch wenn einige Menschen so meisterhaft in ihrem Geben geworden sind, dass sie das Bedürfnis in einer Emotion erfüllen, schafft es ein Gebender selten, die verborgene Unabhängigkeit zu durchdringen. Emotionen blockieren außerdem das Bewusstsein, dass wir das Geschenk in unserem Innern tragen, das uns und andere erfüllen würde. Wir besitzen bereits das Geschenk, das wir uns gewünscht haben! Ironischerweise werden wir anschließend genau durch unseren Versuch, das Geschenk zu bekommen, daran gehindert, es zu empfangen.

Unsere Emotionen sind ein Signal dafür, dass wir etwas falsch verwenden. Anstatt das jedoch zu erkennen, interpretieren wir die Stärke unserer Emotionen als das Ausmaß, in dem wir rechtschaffen handeln. Anstatt also zu erkennen, dass wir mit unseren Entscheidungen fehlschöpfen und daher unsere Emotionen missbrauchen, beweisen wir, dass wir recht haben. Wir beweisen, dass jemand anderes uns etwas „schuldet" und unsere Bedürfnisse erfüllen sollte. Wir benutzen die Emotion, um unabhängig zu bleiben. Diese Art Verhalten führt zu Abhängigkeit, Kämpfen und Abwenden vom Licht. Und dies geschieht immer an einem Ort, an dem wir die Heilung hätten beginnen können.

Wenn wir abends vor dem Einschlafen unseren Tag auf Emotionen, Urteile oder Selbstgerechtigkeit untersuchen würden, könnten wir erkennen, wo wir versuchen, die Welt zu zwingen, uns zu geben und es auf unsere Weise zu tun.

Dieses Verhalten funktioniert einfach nicht und wird zu Schmerzen führen. Wenn wir diesen Pfad weiter fortschreiten, führt er zu Bitterkeit und Zynismus, und wir geben anderen die Schuld für unsere Fehlgriffe.

Dies ist der Zeitpunkt, um zu erkennen, dass wir uns im Irrtum befinden, und dies zu korrigieren. Unsere Emotionen deklarieren hartnäckig, dass ein anderer Mensch den Fehler macht, aber in Wirklichkeit sind wir es, die den Fehler begehen. Eine Emotion ist die Abwesenheit von Liebe. Wir können abhängig von der Größe des Konflikts Liebe und Göttliche Liebe einladen, und ihn innerhalb von Sekunden heilen, wenn wir keinen Gewinn darin sehen, den Konflikt aufrechtzuerhalten. Wenn es sich um einen großen Speicher an Emotionen im Unterbewusstsein handelt, kann dies Minuten dauern. Wenn es ein tieferes unbewusstes Muster ist, wird es mehr Zeit erfordern. Es ist eine gute Idee, auch die Göttliche Gegenwart einzuladen, um die Emotion zu heilen und das Muster aufzulösen. Wenn das Göttliche gegenwärtig ist, stärkt das unsere Selbstliebe. Das macht uns glücklich und signalisiert, dass wir uns in die richtige Richtung bewegen.

6

Unzulänglichkeit

Das Gefühl der Unzulänglichkeit entsteht aus der Trennung. In dem Ausmaß, in dem du Trennung erlebst, erlebst du auch Angst, Widerstand und Illusion. Das Ego will, dass wir uns unzulänglich fühlen, denn dann sind wir schwach, und das Ego investiert in Schwäche. Es überzeugt uns davon, dass der Weg aus der Schwäche darin besteht, zu beherrschen, zu kontrollieren oder anzugreifen, damit wir nicht angegriffen werden. Es verspricht: „Schließe einen Pakt mit mir, dann werde ich dich beschützen. Ich werde verhindern, dass du einsam bist. Ich werde mich um deine Bedürfnisse kümmern." Dies ist die gleiche Art Vereinbarung wie ein Pakt mit dem Teufel. Nach jedem Sturz oder jedem Fehler, der uns passiert, steht das Ego bereit, um einen Pakt mit uns zu schließen. Was ist der Teufel anderes als eine Metapher für das uralte Ego, das sich vom Licht abgewendet hat? Jedes Mal, wenn wir uns vom Licht abgewendet haben, wurde unsere Trennung zu einem dämonischeren Aspekt des Egos, das bequem unter Schichten der Verleugnung begraben ist.

Da wir in einer Welt der Illusion leben, haben wir in Dunkelheit und in das Ego investiert. Aber jedes Mal, wenn wir Gott erkennen, erkennen wir, dass es nichts zu fürchten gibt, da die Welt, der ganze Rest, eine Illusion ist. Wir können Frieden, Ganzheit und die Erinnerung an das Einssein zurück in unser Bewusstsein und in unser Leben einladen.

Unzulänglichkeit ist eine Voraussetzung für das spirituelle Leben. Wenn wir Schwäche oder Unzulänglichkeit fühlen, erkennen wir, dass wir einen Fehler gemacht haben – und der beste Weg vorwärts besteht darin, ihn durch den Himmel für uns korrigieren zu lassen. Wir hören auf, uns auf alles zu verlassen, was wir zur Verteidigung aufgebaut haben, wie Egostärke, und wir beginnen, uns auf Gott zu verlassen. Egostärke wird uns an einem bestimmten Punkt genommen, weil es sich um eine Abwehr handelt. Je mehr wir bereit sind, uns auf Gott zu verlassen, umso sorgloser werden wir. Jesus hat gesagt, dass wir wie kleine Kinder werden müssen, um in das Himmelreich eingehen zu können. Wenn der Himmel sich um die Dinge kümmert, wissen wir, dass wir sicher sind. Wir wissen, dass wir geliebt werden. Deshalb können wir den Aufstieg auf dem spirituellen Pfad beginnen und Anhaftungen und falsche Götter loslassen, weil unser Weg in Liebe garantiert ist.

Wenn du dich also schwach oder unzulänglich fühlst, segne dich und die Situation und bitte den Himmel um Hilfe. Du bist das geliebte Kind Gottes, das dabei ist, zu erkennen, dass es das geliebte Kind Gottes ist. Dies ist dein Einssein mit der Menschheit. Hier gibt es keine Sorgen, Bedenken oder Ängste, weil du dich in dem Wissen, dass ein Angriff deine Schwäche und dein Elend nur verstärkt, weigerst, dich selbst oder andere anzugreifen. So wird deine Evolution zurück zum Licht beschleunigt. So gibst du Stück für Stück deinen Glauben an das Ego und die Welt des Egos auf, und es bleibt der Himmel auf Erden zurück.

7

Emotionen und Idole

Unsere Welt ist voller Idole. Wenn dies nicht so wäre, hätten wir weder Schmerzen, Illusionen noch Chaos. Alle diese Dinge stammen aus unserem Verstand, unseren Gedanken und Überzeugungen. Es gibt einen Teufelskreis zwischen unserem Ego mit seinen Gedanken und Überzeugungen sowie unseren Emotionen und Idolen. Unsere Emotionen sind entstanden, weil ein Idol vereitelt, verstimmt oder enttäuscht worden ist. Wir können unsere Emotionen dazu benutzen, zu entdecken, an was wir anhaften, und so erkennen, was unsere Idole sind. Dann können wir uns dazu entscheiden, sie loszulassen. Diese falschen Götter könnten uns niemals glücklich machen. Sie sind Träume in einer Traumwelt, und sogar, wenn wir dabei erfolgreich sind, sie zu bekommen, würden sie sich als enttäuschend und desillusionierend herausstellen. Je weniger Idole wir haben, umso weniger leicht werden wir aufgebracht und umso weniger werden wir auch aus unserer Mitte geworfen.

Unsere Mitte ist dort, wo wir Frieden und Unschuld erfahren. Ein Idol ist ein Ziel, das uns aus unserer Mitte herausbringt. Eines der Dinge, die wir tun können, um unser Leben besser zu machen, ist, das Auftauchen von Emotionen dazu zu verwenden, unsere Idole zu finden und loszulassen. Jedes Mal, wenn wir dies tun, haften wir weniger an und werden erfolgreicher. Ohne Idole verschwindet die Welt der Illusionen und des Chaos, während Ordnung ihren Platz einnimmt. Ohne Idole verschwindet die Welt der Illusionen und des Chaos zugunsten einer Welt der Wahrheit. Diese wird zum Himmel auf Erden, nach dem wir alle suchen.

Wir leben in einer Welt der Träume. Die Welt zeigt uns, dass unsere Träume aus Wunscherfüllung entstehen. Die chaotische Welt um uns herum spiegelt unsere chaotischen Wünsche auf die gleiche Weise, wie unsere chaotischen Träume in der Nacht unseren chaotischen Wünschen entsprechen. Unsere Welt zeigt uns unser Bewusstsein. Was wir darin nicht mögen, zeigen uns unsere dunkelsten Gedanken und Wünsche. Die Welt spiegelt uns die dunkelsten Idole: Leiden, Krankheit, Grausamkeit, Herzensbruch und Kreuzigung. Sei dir heute deiner Emotionen bewusst und denke darüber nach, welche Idole du hast, indem du dir deine Emotionen und den Spiegel deiner Welt ansiehst. Sobald du deine Idole gefunden hast, kannst du dich entscheiden, sie loszulassen, genauso, wie du dich entschieden hast, sie anzustreben.

8

Selbsterniedrigung und Selbstverherrlichung

Das Ego sorgt entweder für Selbsterniedrigung oder Selbstverherrlichung. Es strebt nach Besonderheit. Während es dein Selbstgefühl schrumpfen lässt, überzeugt es dich gleichzeitig davon, dass du Aufmerksamkeit brauchst und dich selbst verherrlichen musst. Das führt zu Selbstangriff und dazu, dass du zu einer Legende in deinem eigenen Bewusstsein wirst, oder zu beidem. Jedes Mal, wenn wir uns trennen, haben wir einen Menschen oder eine Sache in der Welt verurteilt. Das hat mit einem Selbsturteil begonnen, das zu mehr Selbsturteil führt. Wir versuchen, uns in unserer Kleinheit zu verbergen. Wir versuchen, vor unserer Lebensaufgabe wegzulaufen. Durch unser Urteilen haben wir uns selbst einen schmerzlichen Verlust zugefügt. Wir versuchen, uns zu kontrollieren, indem wir Grandiosität als eindrucksvolles Ego-Gebäude aufbauen. Aber es ist eine Illusion, die aus der Illusion des Urteils entstanden ist. Wir haben uns selbst aus den Augen verloren und leben in Illusion. Wir sind als Kind Gottes erschaffen worden. Wir wurden als unbegrenzter Geist, der aus Liebe und Licht besteht, erschaffen, und wir haben das mit einer kleinen Identität übertüncht, die wir gemacht haben, indem wir in das Ego investiert haben.

Es ist schwierig, glücklich zu sein, wenn die Welt unsere Überzeugungen spiegelt, die aus Urteil entstanden sind. Weder Selbsterniedrigung noch Selbstverherrlichung sind wahr. Unsere Selbsterniedrigung führt dazu, dass wir andere klein machen und ihren Wert nicht erkennen. Unsere ganze Welt ist die Illusion dessen, was wir glauben.

Selbsterniedrigung und Selbstverherrlichung führen zu Konkurrenz und Mangel. Dies hat zu einer Welt geführt, in der wir den Sinn von nichts kennen, weil alles Illusion ist. Wir haben der Welt den ganzen Sinn gegeben, den sie für uns hat – und sie ist sinnlos. Sie ist sinnlos, weil sie durch die Verzerrung und die Projektion unseres Urteils entstanden ist. Wir können loslassen, was wir sehen, und stattdessen eine spirituelle Vision haben. Dies stellt die Welt wieder her, indem wir über die Welt der Illusion hinausgeführt werden. So wird unsere wahre Identität als Geist wiederhergestellt, der durch die Liebe Gottes in allem erhalten wird.

9

Stress entsteht durch Angst

Angst ist ein sicheres Zeichen dafür, dass wir keine Verbindung zu uns selbst, zu anderen Menschen und zu Gott haben. Urteil und Trennung haben sich wie ein Keil zwischen uns geschoben, und Angst entsteht aus dieser verlorenen Verbundenheit. Stress ist ein Nebenprodukt sowohl von Angst als auch von Unabhängigkeit. Stress soll eine Abwehr gegen die Angst darstellen. Stress macht uns aufgeblasen und eingebildet: „Ich muss wichtig sein. Schau mal, wie gestresst ich bin." Stress ist ein verborgener Glaube an Unabhängigkeit. Sogar, wenn wir etwas im Rahmen einer Teamarbeit tun, zeigt der Stress unseren Mangel an Verbindung mit uns selbst, mit den anderen Menschen und mit dem Himmel. Verbundenheit bringt Einheit, Erfolg und Intimität mit sich. Bei Verbundenheit herrscht dort Liebe, wo sonst Angst wohnen würde.

Angst verursacht uns, wie jede Emotion, Stress. Wir fühlen uns in gewisser Weise bedroht. Unser Ego versucht, alles zu tun, und urteilt und greift an – und sieht Angriff und Bedrohung als Folge dessen zurückkehren, was wir aussenden. Angst und Stress können leicht zu einem Teufelskreis werden, bei der sie sich gegenseitig in einer Abwärtsspirale verstärken. Je mehr Verbundenheit vorhanden ist, umso weniger Angst und Stress gibt es. Sowohl Angst als auch Stress zeigen, dass wir uns auf uns selbst und nicht auf den Himmel verlassen. Sie zeigen, dass wir nicht in Verbindung mit uns selbst und mit anderen sind. Wir erleben ihren sich entfaltenden Fluss nicht, deshalb können wir ihnen nicht genug vertrauen, um uns friedvoll und zuversichtlich zu fühlen. Stress weist auf eine Anhaftung hin, die wir haben – und unsere Anhaftungen sind voller Angst und Sorge und dem daraus resultierenden Stress. Stress loszulassen ist schwierig, aber Stress *und* Angst loszulassen bringt viel mehr Erfolg, weil unsere Angst unseren Stress verstärkt. Stress loszulassen, ohne sich der Wurzel des Problems, nämlich der

Angst, zu entledigen, bedeutet, den Stress schon bald wieder einzuladen. Unsere Angst und unser Stress unterstützen beide unser Ego. Liebe, Loslassen und Vertrauen unterstützen den Fluss. Du könntest eine Liste der Dinge und Situationen aufstellen, die dich stressen, vor denen du Angst hast, und die Selbstkonzepte aufschreiben, die das verstärkt – und dann all das loslassen.

Ich fühle mich gestresst durch

____

____

Ich habe Angst vor

____

____

Was es über mich beweist

____

____

Lass alles als einen schlechten Handel des Egos los, damit du in deinem Leben mit so viel mehr Leichtigkeit voranschreitest. Es blockiert nicht nur den Ruf deines Herzens, sondern gibt dir ein anderes Ziel vor, so, als ob dein Herz und seine Fülle nicht alles wären, was du willst. Der Ruf deines Herzens öffnet dich für großes Glück. Fall nicht auf den Sirenengesang des Egos herein. Es wartet ein besseres Leben auf dich.

10

Was Emotionen versuchen

Emotionen stellen einen Versuch dar, etwas zu erkaufen. Wir glauben, dass wir durch unsere Emotionen etwas bekommen können. Unser Ego betrachtet Emotionen als Bargeld und benutzt unsere Emotionen wie Bargeld. Wir können Emotionen benutzen, um Aufmerksamkeit zu bekommen und besonders zu sein. Wir können Emotionen als Teil eines Kampfes oder als einen Versuch einsetzen, ein Bedürfnis erfüllt zu bekommen. Wir können sie benutzen, um einer anderen Person zu vermitteln, dass sie Unrecht und uns unfair behandelt hat. Wir können Emotionen benutzen, um zu versuchen, „unseren Weg" vorwärts zu erkaufen oder Schuld abzuzahlen. Wir können Emotionen als eine Ausrede benutzen. „Ich kann es nicht machen, schau nur, wie es mir geht." Oder als ein Versuch, Schuld abzuzahlen: „Ich bin eigentlich besser als das – aber mit diesen Emotionen erkaufe ich mir die Lizenz für das Recht, mich nicht wie mein bestes Selbst zu verhalten." Ich kann durch Emotionen Zeit gewinnen oder mich wichtigmachen. Ich kann mich im Umgang schwierig machen, eine Sonderbehandlung einfordern, andere als Versager anschuldigen oder meine Emotionen als Versuch benutzen, um meinen „guten Ruf" zu beweisen.

Es setzt uns herab, Emotionen als Methode einzusetzen, um die versteckten Absichten des Egos zu erkaufen. Dadurch machen wir sowohl uns als auch andere zu Objekten, als Waren, die gekauft und verkauft werden, um unsere wahrgenommenen Bedürfnisse erfüllt zu bekommen. Emotionen zu benutzen, um Bedürfniserfüllung zu erkaufen, hält uns in einer Welt der Illusionen und in einem Teufelskreis aus Bedürfnissen und Emotionen gefangen, bei dem nur Idole außerhalb von uns der Weg zu Glücklichsein und Sicherheit zu sein scheinen. Das Ego hat diese Welt erschaffen und will, dass sie die einzige Realität ist. Denn in einer Ethik des Kaufens und Verkaufens ist das Ego der absolute Herrscher.

Wir investieren darin, Bedürfnisse erfüllt zu bekommen, anstatt in die Ethik des Himmels von Geben und Empfangen. Der Weg des Himmels zur Erleuchtung besteht aus Geben *und* Empfangen. Wenn wir erkennen, dass diese das Gleiche sind, werden alle Polaritäten geheilt.

11

Es gibt nichts zu fürchten

„Es gibt nichts zu fürchten."
Ein Kurs in Wundern, Übungsbuch, Teil I, Lektion 48

Angst ist eine Entscheidung. Wir haben die Wahl, in der Emotion der Angst gefangen zu bleiben oder einen Schritt nach vorn zu machen. Vorwärtsgehen ist einer der Wege zur Heilung von Angst. Angst ist die Entscheidung, lieber zu urteilen und anzugreifen, anstatt zu vertrauen und zu lieben. Wenn du Angst hast, nimmst du etwas als einen Angriff wahr, aber du benutzt es, um dich selbst anzugreifen. Du kannst dir wiederholt diese Frage stellen: „Möchte ich mich weiterhin so angreifen? Was will ich stattdessen?" Es ist besser, wenn du die Entscheidung triffst, dass du dich nicht weiter so angreifen wirst. Oder zumindest so lange nicht, bis du dich so weit vorwärtsbewegt hast, dass die Angst vergangen ist. Angst bedeutet, dass du dich als unabhängig wahrnimmst. Es ist die Entscheidung zu dem Versuch, etwas allein auf dich gestellt und nur im Vertrauen auf deine eigene Stärke zu tun. Dabei vergisst du, wer aus dem spirituellen Reich mit dir geht. In *Ein Kurs in Wundern* heißt es:

„Es gibt nichts zu fürchten."

Das Bewusstsein, dass es nichts zu fürchten gibt, zeigt, dass du dich irgendwo in deinem Bewusstsein, wenn auch nicht notwendigerweise an einem Ort, den du bereits als solchen erkannt hast, an Gott erinnert hast. Du lässt Seine Stärke den Platz deiner Schwäche einnehmen. In dem Augenblick, in dem du bereit bist, dies zu tun, gibt es tatsächlich nichts zu fürchten.

12

Die Vergangenheit verschlingt die Gegenwart

Wenn die Vergangenheit die Gegenwart verschlingt, dann geschieht das, weil es etwas oder einige Dinge aus der Vergangenheit gibt, die einen so großen Platz in deinem Leben einnehmen, dass die Gegenwart verdunkelt wird. Die Vergangenheit verschlingt die Gegenwart, und nichts kann passieren, das machtvoll, kreativ oder freudvoll genug ist, um dich vorwärtszubewegen. Alles ist statisch. Es gibt keine Evolution, keinen Fluss und keinen Durchbruch.

Wenn du erkennst, dass es das ist, was mit dir geschieht, ist es am sinnvollsten, an den Ort zurückzugehen, an dem das Trauma begonnen hat. Frage dich, wie alt du warst, als das Problem zuerst aufgetreten ist. Frage dich, wer dabei war, als das passiert ist. Frage dich dann, was geschehen ist. Frage dich, wie das Muster, das mit diesem Ereignis begründet wurde, dich in deinem Leben beeinträchtigt hat. Wo hat es dich zurückgehalten und wie? Du kannst dein Unterbewusstsein öffnen, indem du dich fragst, wofür du das Ereignis benutzt hast. Welchem Zweck hat das Ereignis gedient? Welchen Gewinn hast du daraus gezogen, dass es passiert ist? Was hat es dir zu tun erlaubt? Was musstest du deshalb nicht tun? Welche Ausrede hat es dir gegeben?

Dieses schmerzhafte und furchtbare Ereignis spiegelt einen Wutanfall, eine „Masche“ und eine schlechte Einstellung. Es deckt Schichten unserer Verweigerung gegenüber dem Leben, unserer perversen Willkür und unserer Negativität auf. Es spiegelt einen uralten Sturz aus der Liebe zum Leben und der Einbeziehung. Bevor wir abgestürzt sind, wussten wir um unsere Liebenswürdigkeit und wollten sie einfach nur mit allen teilen. Bei diesem Sturz aus der Liebe jedoch sind wir in tiefere Materialität und einen stärkeren Glauben an den Körper gefallen. Oder aber wir haben unsere unteren Chakren abgeschnitten und versucht, ohne sie in den höheren Chakren in einem Mangel an Verbindung zu leben, der spirituell zu sein *schien*. Wir haben außerhalb von uns nach Idolen gestrebt. Wenn uns das nicht zufriedengestellt hat, haben wir andere Menschen zu Idolen gemacht. Wir haben Schmerz und Frustration erfahren, wenn wir vereitelt wurden. Wir haben Enttäuschung und Desillusionierung erlebt, wenn wir scheinbar bekommen haben, was wir wollten.

Jetzt gewinnen wir diesen Boden wieder zurück und stellen diese Liebe zum Leben wieder her. Dazu müssen wir die Idole entdecken und loslassen, deren Zyklus aus Schmerz und Enttäuschung uns derzeit zurückhält. Es macht keinen Unterschied, ob es sich um Idole der oberen oder unteren Chakren handelt. Was versuchst du immer noch außerhalb von dir zu bekommen, um dich glücklich zu machen? Es ist leicht, die Idole außerhalb von dir zu sehen: Romantik, Sex, eine bestimmte Person, Erfolg usw. Es ist ebenfalls entscheidend, deine verborgenen Idole zu erkennen, wie: Herzensbruch, Hass, Überleben und Schuld, Versagen, Angst, Leiden, Krankheit, Grausamkeit oder Kreuzigung. Um Liebe, Liebenswürdigkeit und Selbsteinbeziehung wieder für dich herzustellen, ist es wesentlich, dass du dich dafür entscheidest, sie loszulassen. Und zwar alle.

Dies erreichst du, indem du Liebe und Göttliche Gegenwart einlädst, bis sich die ganze Situation selbst in Liebe und Licht für alle Beteiligten verwandelt hat. Du kannst Liebe und Göttliche Gegenwart einladen und durch die Vorfahrenlinie auf der Seite von Mutter und Vater zurückschicken. Dies heilt alle Idole und Traumata, die in der Familie weitergegeben wurden.

Wenn Traumata oder Idole als Teil eines Musters aus vergangenen Leben weitergegeben worden sind, lädst du Liebe und Göttliche Gegenwart durch deine Seelenlinie aus vergangenen Leben ein. Liebe und Göttliche Gegenwart folgen *immer* deiner Einladung. Du kannst sie einsetzen, um schließlich in die Gegenwart zurückzukehren, wo dich deine Liebenswürdigkeit, dein Frieden und dein Selbstwert erwarten. Du kannst deine Energie und Gegenwart zurück ins Hier und Jetzt bringen. Auf diese Weise stellst du Liebe und Leidenschaft wieder her.

13

Es gibt keine kleinen Aufregungen

„Es gibt keine kleinen Aufregungen."
Ein Kurs in Wundern, Übungsbuch, Teil I, Lektion 5,4:3

Jede kleine Aufregung ist ein Speicher voller Gold, wenn du dich auf einem Pfad der Heilung befindest. Anstatt dir gegenüber eine Verstimmung mit so vertrauten Bemerkungen zu rechtfertigen wie „Meine Wut war eine ganz natürliche Reaktion auf das, was sie getan hat" oder „*Jeder* hätte sich so gefühlt wie ich, nach dem, was passiert ist" oder „Ich bin doch kein Zombie! Ich habe schließlich auch Gefühle!", liegt der Schlüssel darin, dich dabei zu ertappen, wenn du eine Aufregung oder eine beliebige Emotion erlebst.

Emotionen sind Reaktionen. Gefühle sind positive Geschenke des Affekts, auch wenn die meisten Menschen diese beiden Begriffe austauschbar verwenden. Wenn du irgendeine kleine Aufregung bemerkst, kann sie dich an einen Ort zurückführen, an dem du Wut und Rage gespeichert hast. Auf unbewussten Ebenen gibt es außerdem die großen Ängste, den Ozean der Traurigkeit und den Ozean des Stresses. Es gibt das heilige Feuer des Schmerzes und die Verzweiflung der chronischen Probleme. Alle von uns haben alte Emotionen aus der Zeit gespeichert, als wir im Mutterleib waren. Damals haben wir die Emotionen unserer Eltern aufgenommen und zu unseren eigenen gemacht. Oder wir haben damals sogar die Emotionen von *allen* wichtigen Personen um uns herum aufgenommen, die gelitten haben. Muster aus dem Mutterleib und der Kindheit stammen aus unseren Seelen- und Vorfahrensmustern, und bei diesen handelt es sich um die grundlegenden Muster unseres Lebens.

Der erste Heilungsschritt besteht darin, auf Situationen mit Aufregungen zu achten, in denen eine Emotion unseren Frieden stört. Wenn wir sie nicht unmittelbar auflösen können, können wir sie uns merken, um sie später zu heilen. Ein Schlüsselelement liegt darin, dass das, was wir *irgendjemand* übelnehmen, wir *allen* übelnehmen, einschließlich uns selbst. Sogar wenn wir scheinbar in gegenteiliger Weise wie diese Person handeln, kompensieren wir. Das bedeutet, dass wir versuchen, ein altes Verhalten oder Urteil über uns selbst auszugleichen, indem wir uns entgegengesetzt verhalten. Wir können Frieden mit demjenigen Menschen erreichen, der diese Emotion ausgelöst hat, indem wir immer wieder sagen:

> „Ich werde mir das nicht vorwerfen."
> *Ein Kurs in Wundern*

Damit ist euch beiden vergeben. Als Nächstes kannst du Liebe und Göttliche Liebe in die Situation einladen, bis du dich wieder friedvoll fühlst. Du kannst dich anschließend fragen, welche Situationen dazu geführt haben, und dann Liebe und Göttliche Liebe in alle diese Situationen einladen. Typischerweise gehst du durch alle negativen Situationen in deinem Leben bis in deine Kindheit zurück. Lade Liebe und Göttliche Liebe in jede einzelne dieser Situationen ein. Bei jeder Verstimmung oder Aufregung wurde eines deiner Idole vereitelt, und dies hat das Ergebnis gestört, das dein Ego haben wollte.

Jede Szene ist reif für die Heilung. Was du wirklich geben und empfangen wolltest, war Liebe, insbesondere Göttliche Liebe. Jetzt kannst du das tun. Sowohl Liebe als auch Göttliche Liebe folgen *immer* deiner Einladung. Die Göttliche Liebe war bereits dort. Du brauchst sie nur willkommen zu heißen, um dir ihrer bewusst zu werden. Lass von dieser Liebe alles erfüllen, was in dir und allen anderen gefehlt hat. Nichts anderes ist erforderlich, um Frieden zu bringen und die Erfahrung zu verwandeln.

Wenn du in deine Kindheit zurückgehst, dann achte darauf, wie alt du damals warst. Das gibt dir einen Hinweis auf den genauen Monat, indem du im Mutterleib eine ähnliche Erfahrung gemacht hast. Wirf dir diese Szenen nicht vor.

Lade die Liebe ein. Wenn das abgeschlossen ist, wird es mehr Frieden und Freiheit und weniger Urteil, Schuld und Ego geben.

Als Nächstes kannst du dich fragen, welcher Prozentsatz dieses Problems über deine Vorfahren weitergegeben worden ist. Benutze für alle diese Antworten deine Intuition. Du kannst mithilfe deiner Intuition herausfinden, wer in deinem eigenen Leben dabei war und was geschehen ist. Wenn es ein negatives Gefühl gab, das deine gesamte Kindheit durchdrungen hat, dann gab es auch ein negatives Gefühl, das deine gesamte Zeit im Mutterleib beherrscht hat. Dieses Gefühl kannst du mit Liebe und Göttlicher Liebe auflösen.

Sobald du den Bereich der Vorfahren erreicht hast, machst du dich in dein Unbewusstes auf. Lade hier ebenfalls neben Liebe und Göttlicher Liebe auch Göttliche Gegenwart ein. Als Nächstes frage dich, welcher Prozentsatz irgendeiner Negativität aus dem Seelenmuster eines vergangenen Lebens stammt. Wenn dies mehr als 50 % sind, führe ich die Person gerne zu dem Leben zurück, in dem alles in ihren „anderen Leben“ angefangen hat. Wenn du ein Mensch bist, der dies gerne tut, dann kannst du in einem meiner anderen Bücher nachlesen, wie du dies intuitiv selbst herausfinden kannst. Es ist jedoch nicht entscheidend, bewusst zu wissen, was du heilst. Du könntest stattdessen einfach Liebe, Göttliche Liebe und Göttliche Gegenwart zurück in das gesamte Muster einladen. Wenn das abgeschlossen ist, frage dich, welcher Prozentsatz aus dem kollektiven Bewusstsein der Menschheit stammt. Wenn dich das so sehr beeinflusst hat, dann kannst du es ebenfalls beeinflussen und mit Heilung korrigieren, indem du Göttliche Liebe und Göttliche Gegenwart einlädst. Wenn das abgeschlossen ist, frage dich, zu welchem Prozentsatz dieses Muster aus dem Astralen, dem dunklen Unbewussten der Dämonen, Teufel und dunklen Herrscher entstanden ist, die Metaphern für unser uraltes Ego sind. Alle von uns haben etwas von diesem uralten Ego, das versucht, uns vom Christus-Bewusstsein fernzuhalten und sich vor dem Ziel der Vereinigung zu schützen.

Frage dich schließlich, welcher Prozentsatz der Verstimmung oder Aufregung vom Sündenfall, vom Sturz aus dem Himmel, von der ersten Trennung auf der Suche nach Besonderheit und von dem Streben nach dem Aufbau einer eigenen separaten Identität stammt. Dies ist unser Autoritätskonflikt mit Gott. Wir haben Gott vergessen. Jetzt können wir uns an Gott, der nur Glücklichsein für uns will, erinnern. Indem wir Liebe, Göttliche Liebe und Göttliche Gegenwart einladen, erlaubt uns das, uns an Gott zu erinnern. Damit heilen wir eine der tiefsten Spaltungen in unserem Bewusstsein.

Deshalb gibt es keine kleinen Aufregungen. Jede kleine Aufregung kann uns zu der ursprünglichen Spaltung zurückführen, die uns in diese Traumrealität anstatt in die Erfahrung des Himmels gebracht hat.

14

Die wahre Richtung

Die wahre Richtung ist eine Bewegung in Richtung Einheit und Zusammenhalt. Das bedeutet weder übertriebene Nachgiebigkeit, Kompromisse oder das Aufgeben der eigenen Position in Aufopferung. Wahrheit und Partnerschaft enthalten die gleiche Dynamik. Sie bringen Authentizität, Leichtigkeit und Freiheit. Um Partnerschaft zu erreichen, musst du Opfer- und Unabhängigkeitsmuster sowie alle Fusions-, Aufopferungs- und Kodependenzmuster aufgeben, welche die Selbstwerdung verwirren. Durch das Aufgeben der Triade aus Rollen der Unabhängigkeit, des Opferseins und der Aufopferung kommst du zur wahren Selbstwerdung. In der Selbstwerdung kannst du dich der Partnerschaft hingeben. Biologische Studien haben gezeigt, dass wir, sobald wir das Alter von 19 Jahren erreicht haben, das Ego nicht mehr länger benötigen. Auch das, was es uns beibringen kann, um in der Welt zu navigieren, hat dann keinen Nutzen mehr für uns. Das Ego strebt ständig nach Trennung. Während wir uns in Partnerschaft verbinden, beginnt diese Trennung hinwegzuschmelzen. Wir brauchen die Identität nicht länger, die wir aufgebaut haben, um getrennt und besonders zu sein. An ihre Stelle treten Ebenbürtigkeit, Gegenseitigkeit, Leichtigkeit und Fluss. Während wir uns in tieferer Partnerschaft verbinden, gewinnen wir im Laufe unserer Evolution immer größeren Erfolg und immer größere Intimität. Während wir uns mit anderen verbinden, vereinheitlicht sich unser Bewusstsein im gleichen Ausmaß. Dabei schmelzen einige der unzähligen Persönlichkeiten und Selbstkonzepte in uns hinweg und lassen uns vollständiger, empfänglicher, genussfähiger und inspirierter zurück, sodass wir noch mehr geben können.

Das Ego richtet Situationen ein, in denen ein anderer Mensch uns scheinbar ein Unrecht antut oder gegen unser Interesse handelt und uns Wut, Frustration und Schmerzen verursacht. Dies gibt uns die Ausrede, uns zu trennen, wenn es das ist, was wir tun wollen. Wenn wir jedoch alles als einen Weg zur Heilung der tieferen, älteren Muster in uns benutzen, erlaubt uns dies, uns in Partnerschaft sogar noch näher zu kommen – sogar demjenigen Menschen, unter dessen Händen wir ansonsten gelitten hätten. Wir erlösen diesen Menschen und uns selbst.

Als hilfreicher Hinweis sollte hier erwähnt werden, dass das englische Wort für „heilen" (*to heal*) die gleiche uralte Wurzel wie die englischen Wörter für „vollständig" (*whole*) und „heilig" (*holy*) hat. Es bedeutet, fehlende oder verlorene Teile, gespaltene Teile und getrennte Teile wiederherzustellen und erneut zu verbinden, um sie wieder zu integrieren und erneut zu einem Ganzen zu machen.

Die Heilung eines Konflikts mit einem beliebigen Menschen wird dir ermöglichen, allen näherzukommen. Sobald die Wände des Egos fallen, kommen wir unserem Partner näher, auch wenn der Konflikt nicht mit ihm bestanden hat. Wir fangen an, unsere dunklen Geschichten zu heilen, die auf Fehlinterpretation und Fehlwahrnehmung beruht haben. Während wir uns in Richtung Vereinigung bewegen, sagen wir häufiger die Wahrheit, und es ist weniger wahrscheinlich, dass wir Groll in dem Versuch benutzen, uns zu trennen, um unsere Schuldgefühle zu verstecken. Wir können uns dazu entscheiden, negative Ereignisse sowohl zur Heilung als auch als ein Sprungbrett für größere Partnerschaft und mehr Vereinigung zu benutzen. Je mehr Verbundenheit vorhanden ist, desto mehr öffnet sich der Weg nach vorn. Als Folge davon nehmen wir andere nicht länger als Geisel unseres Egos. Wir haben nicht mehr länger eine Tendenz und eine Vorliebe dazu, andere zu „Bösewichten" zu machen.

Groll blockiert die wahre Richtung, und Bösewichte sind unsere beste Ausrede, Gottes Plan für unser Glücklichsein nicht zu befolgen. Bösewichte stellen eine hervorragende Ausrede dar, um uns allein und unabhängig auf den Weg zu machen. Dies ist ein Pfad, der in Schmerzen beginnt und auf dem die Schmerzen wachsen, während wir ihn weiter beschreiten. Wir sind allein losgezogen, damit wir nicht mit anderen zu teilen brauchten. Das, was wir daraus zu gewinnen hofften, allein loszuziehen, hat uns nicht zum Glücklichsein geführt.

Liebe, Glücklichsein und Fülle entstehen durch Teilen. Diese Elemente führen uns zu Partnerschaft, Freundschaft, Gemeinschaft, Vereinheitlichung, Vereinigung – und schließlich zum Einssein.

Lass uns also nach Wegen suchen, die dazu führen, dass wir ein besserer Sohn, eine bessere Tochter, ein besserer Partner, Angestellter, Chef, bessere Eltern, Freunde oder Bürger der Welt werden. Wahre Partnerschaft beinhaltet keine Kompromisse, weil Kompromisse bedeuten, dass, auch wenn jeder das bekommt, was er will, gleichzeitig jeder etwas Wertvolles aufgibt. Das heißt, dass auch jeder verliert. Wahre Partnerschaft bedeutet stattdessen Brücken bauen und auflösen, damit es weder Aufopferung noch Kodependenz gibt, die wirklich nur Methoden sind, um vorzugeben, dass wir in Partnerschaft gehen, wenn wir in Wirklichkeit immer noch getrennt sind. Bei der Bewegung in die wahre Richtung geben wir unsere dunklen Geschichten und Verschwörungen mehr und mehr auf. Wir verzichten auf weitere unserer Schattenfiguren und anschließend auf noch mehr unserer Glaubenssysteme. Wir lassen Selbstgerechtigkeit, Angst, Schuldgefühle und negative Emotionen los. Es gibt mehr Führung, Liebe und Licht in unserem Leben. Liebe bringt uns zum Christus-Bewusstsein, in dem Urteil und Groll angesichts Vergebung, Mitgefühl und Gnade weggefallen sind. Wir geben die Angst vor Liebe auf, und dies bringt uns mit anderen zusammen, sodass Frieden entsteht. Während wir aufsteigen, kommen wir uns näher. Es gibt weniger Differenzen und Dualität und mehr Einheit, Erfolg und Glücklichsein. Was anders ist, ist unwesentlich. Während wir uns verbinden, stellen wir fest, dass wir zusammen sind und dass dies schon immer der Fall war. Wir entwickeln uns in Richtung der Erkenntnis unseres Geistes.

15

Wut als Überzeugung, dass jemand gesündigt hat

Hinter der Wut steht die Überzeugung, dass jemand gesündigt hat. Unsere Wut bedeutet, dass wir selbstgerecht versuchen, diesen Menschen wieder auf „den Pfad der Tugend" zurückzubringen. Wut ist unser Versuch, andere zu kontrollieren, damit sie unserem Willen folgen. Es ist eine Form der Schikane. Unsere Wut dreht sich in Wirklichkeit mehr darum, dass der andere Mensch unsere Regeln bricht und das Skript nicht einhält, das wir ihm zugewiesen haben. Auf einer viel tieferen Ebene jedoch folgt er einem anderen Skript. Dieses Skript hat dafür gesorgt, dass er genau das getan hat, was er tat. Und das ist in der Tat auch das, was wir wollten. Wir haben dies jedoch vor uns selbst auf einer tieferen Ebene verborgen.

Was auch immer geschehen ist, war eine Projektion von verborgenen Überzeugungen, und darin befand sich das Verhalten, das wir als sündhaft benannt haben. Unsere Wut ist der Ort, an dem wir das Gefühl haben, dass *wir* ein Sünder gewesen sind, wir jedoch versuchen, die Sünde einem anderen Menschen anzuhängen. Natürlich möchten wir uns nicht wie ein Sünder fühlen, deshalb projizieren wir alles nach außen. Wir werden wütend, um uns von allem Verhalten zu distanzieren, das wir als sündhaft verurteilt haben. Wir deklarieren durch unser Verhalten, dass wir uns niemals so verhalten würden. Unsere Wut ist eine Kompensation! Es ist der Versuch unseres Egos, uns zu befreien, aber es funktioniert nicht, weil das Ego und die Freiheit Gegensätze sind. Authentische Freiheit würde die Knechtschaft brechen, in der uns das Ego gefangen hält. Natürlich will das Ego dann dissoziierte Unabhängigkeit, weil das eine Rolle ist, welche die Freiheit nur *nachahmt* und das Ego so mit seinen Plänen für unsere Knechtschaft fortfahren lässt.

Uns selbst zu befreien und den Himmel auf Erden zu erreichen, bedeutet, sich nur darauf zu konzentrieren, Frieden und Sündenlosigkeit in anderen und uns selbst zu sehen. Verpflichte dich dazu. Wenn du einen Fehler machst und wütend wirst, vergib der Wut, dir selbst und dem anderen Menschen. Anschließend verpflichtest du dich erneut der Sündenlosigkeit und dem Himmel auf Erden. Deine Vergebung ist deine Freiheit.

16

Die Angst vor der Lebensaufgabe heilen

In den frühen 1980er Jahren kam ich nach der Arbeit mit Hunderten von Menschen zu dem Schluss, dass alle unsere großen Probleme und Traumata aus dem Weglaufen vor unserer Lebensaufgabe entstanden sind. Bei einigen wenigen Ereignissen war das, was passiert ist, außerdem Teil der Seelenlektion. Wir sind gekommen, um zu lernen und die uralte Wunde zu heilen. Sie ist in der Gegenwart erneut aufgebrochen, damit wir anderen helfen könnten, die ein ähnliches Problem haben. Dennoch war es mit Sicherheit eine mühsame Methode, diese Traumata in dem Versuch, eine bestimmte Lektion zu lernen, wieder auftauchen zu lassen. Es gibt einen einfachen Weg.

Ein Prinzip, mit dem wir die Negativität vollkommen abwenden können, besteht darin, auf das Licht zuzugehen, anstatt uns zu verstecken. Wenn wir dazu bereit sind! Wir hätten ein Seelengeschenk in uns eröffnen können, als ein altes Trauma erneut an die Oberfläche gekommen ist, und dazu ein Geschenk vom Himmel erhalten können. Dies hätte einen großen Unterschied in der Situation gemacht, anstatt dass alle reagierten oder sich zurückzogen – und so ihren Schmerz weitergegeben haben. Wir hätten unsere Lebensaufgabe und unsere Bestimmung annehmen können, um die Situation zu transformieren, anstatt das Problem oder Trauma als eine Ausrede zu benutzen, um vor unserer Lebensaufgabe davonzulaufen! Alle Heilung bringt uns dem Licht näher. Es bringt uns unserem Zuhause näher, dessen lieblicher, eindringlicher Ruf immer noch in uns klingt und uns zur Transzendenz und zum Licht lockt.

Wir können erkennen, wie sehr wir unsere Lebensaufgabe leben, wenn wir uns ansehen, wie erfüllt wir uns fühlen. Die Angst vor unserer Lebensaufgabe auf der anderen Seite kann dafür sorgen, dass wir alle Arten von Verschwörungen gegen uns selbst einsetzen. Verschwörungen sind Egofallen, die so aussehen sollen, als ob es keinen Weg gibt, über sie hinauszugehen. Aber das muss nicht so sein.

Den meisten Menschen erscheint ihre Lebensaufgabe unmöglich. Sie fühlen sich zu unzulänglich, um etwas so Großes zu erreichen, aber es sind nicht wir, die unsere Lebensaufgabe erfüllen, sondern der Himmel. Der Himmel erfüllt sie durch uns. Wir haben vergessen, wer mit uns geht, und mit unseren Überzeugungen über uns selbst und unsere Kleinheit erscheint unsere Lebensaufgabe unmöglich. Aber mit uns und dem Himmel gibt es nichts, was wir nicht tun können – gemeinsam. Unsere Lebensaufgabe ist die Freude unseres Gebens. Es ist unser Glücklichsein und unsere Heilung. Es ist unser Beitrag, um die Welt zu retten, und der besondere Beitrag im Allgemeinen, den nur wir leisten können.

„Ja" zu unserer Lebensaufgabe zu sagen, bedeutet, „Ja" zum Licht des Himmels zu sagen. Unsere Lebensaufgabe willkommen zu heißen, vereint uns erneut mit uns selbst, mit anderen und mit dem Himmel. Diese Einstellung sorgt dafür, dass Dinge, die äußerst störend sein könnten, wie zum Beispiel die Emotionen, die aus Problemen entstehen, oder die Probleme bei Besonderheit in Beziehungen, relativiert werden. Diese Probleme sind nicht mehr länger äußerst zeitraubend. Was auch immer der Himmel für uns will, geschieht zu unserem Vorteil sowie zum Vorteil anderer. Es ist unser wahrer Wille sowie Gottes Wille für uns. Unsere Lebensaufgabe ist nicht immer groß in der Außenwelt, aber sie ist immer groß in unserem Innern. Wir spüren die Dankbarkeit in uns für den Beitrag, den wir zum Leben anderer leisten dürfen. Im Gegenzug fühlen wir die Dankbarkeit anderer sowie des Himmels. Je mehr wir unsere Lebensaufgabe leben, umso mehr haben wir das Gefühl, dass unser Leben einen Sinn hat. Wenn wir unsere Lebensaufgabe lebten, würden sich die meisten unserer Probleme auflösen. Was übrig bliebe, wären die Seelenlektionen, die wir als Teil unseres Beitrags lernen sollten, um der Menschheit zu helfen, zu lernen.

17

Das Problem der Bedürfnisse

Das Problem mit Bedürfnissen ist, dass sie durch Trennungen entstanden sind, die wir selbst bewirkt haben. Als Ergebnis der Trennung haben wir unter diesen Bedürfnissen gelitten. Wir hatten das Gefühl, zum Opfer zu werden, aber das Unterbewusstsein zeigt, dass wir uns dazu entschieden haben, um Unabhängigkeit und andere Gewinne zu erhalten. Wir haben die Situation benutzt, um eine Sache zu „erkaufen". Wir wollten eine Ausrede haben oder etwas tun, was wir tun wollten, oder etwas nicht tun, was wir nicht tun wollten. Das Problem mit Bedürfnissen ist also unser gespaltenes Bewusstsein. Wir wollen, dass unsere Bedürfnisse erfüllt werden, und gleichzeitig wollen wir nicht, dass sie erfüllt werden. Wir wollen die Verbundenheit, aber wir wollen unsere Unabhängigkeit nicht verlieren. Du kannst dich entscheiden, bei der Unabhängigkeit zu bleiben und das Bedürfnis nicht erfüllt zu bekommen, oder du kannst die Unabhängigkeit loslassen, um dein Ziel leicht zu erreichen.

Und genau die Dringlichkeit eines Bedürfnisses blockiert auch das Empfangen. Wenn du etwas unbedingt haben musst, weist du es im Geheimen durch deine Dringlichkeit von dir. Wenn du dein Bedürfnis loslässt, kannst du so viel davon haben, wie du willst. Das Ego schlägt vor, dass du versuchst, dir zu nehmen, was du brauchst, und die Bedürfnisse, Gefühle und Rechte anderer zu ignorieren. Dies führt natürlicherweise dazu, dass du in alle möglichen Schwierigkeiten und schmerzlichen Situationen gerätst. Alle deine Schmerzen und dein Herzensbruch sind dadurch entstanden, dass du versucht hast, etwas zu bekommen oder zu nehmen. Das Höhere Selbst schlägt *Geben* als den Weg zum Empfangen vor, da Geben und Empfangen spirituell das Gleiche sind, jedoch nicht nach Einschätzung des Egos. Bedürfnisse werden leicht dadurch aufgelöst, indem wir geben, was wir brauchen, und als ein Ergebnis davon, den nächsten Schritt vorwärts sowie den nächsten Schritt in der Verbundenheit machen. Dies lädt das Empfangen von anderen und vom Himmel ein, wobei wir Schmerz, Groll oder Selbstkonzepte loslassen, die unsere Fähigkeit, zu empfangen, blockieren. Vergebung, Liebe und Akzeptanz heilen unsere Bedürfnisse. Aber wenn wir Angst vor Liebe haben oder die Situation aufgrund unseres Bedürfnisses nicht so akzeptieren möchten, wie sie ist, bleiben wir im Mangel in der Situation stecken, so wie sie ist. Eine andere paradoxe Möglichkeit, ein Bedürfnis erfüllt zu bekommen, besteht darin, es loszulassen. Wenn du ein Bedürfnis vollständig loslässt und ebenso vollständig loslässt, das Bedürfnis erfüllt zu bekommen, kannst du so viel davon haben, wie du willst. Wenn du es nicht haben musst, kannst du es haben. Ganz gleich, welche Methode du anwendest, ist es jetzt an der Zeit, jeglichen Gewinn loszulassen, den du daraus ziehst, nicht zu empfangen. Erlaube dir das Glücklichsein, das entsteht, wenn dein Bedürfnis erfüllt wird.

18

Was Groll verbirgt

Groll ist eine Lüge. Er gibt anderen Menschen die Schuld für Situationen, in denen wir uns negativ verhalten und schuldig gefühlt haben. Groll kann im Unterbewusstsein und sogar im Unbewussten sehr viel verdecken. Groll verbirgt hauptsächlich unseren Selbstangriff und unsere Schuld. Wir glauben, dass unser Angriff uns von unseren Schuldgefühlen befreien wird. Aber Angriffe verstärken die Schuldgefühle und verstärken auch den Selbstangriff. Unser Groll verbirgt unsere Angst. Mit Groll müssen wir in unserem Leben keinen Schritt vorwärtsmachen, weil es scheint, als ob jemand anderes dafür die Schuld trägt, dass wir uns nicht vorwärtsbewegen können. Groll verbirgt unsere Verantwortlichkeit. Wir hätten uns zeigen und Geschenke in uns eröffnen können, die wir hätten teilen können. Dies hätte die Situation gerettet. Wir hätten die Geschenke des Himmels empfangen und dem anderen Menschen helfen können, nicht zu versagen. Unter dem Groll verborgen liegen Geschenke, die wir vermieden haben und die immer noch auf uns warten. Gottes Plan für Erlösung besteht darin, Groll aufzugeben. Dies bringt uns alle näher und verbindet uns mehr und mehr mit Liebe. Dies öffnet Fülle und Glücklichsein, während sowohl Illusion als auch Schuld wegfallen.

Wir verbergen unsere Lebensaufgabe mit unserem Groll, als ob uns das eine Ausrede geben würde, unsere Lebensaufgabe nicht zu erfüllen. Unsere Lebensaufgabe ist eines der Dinge, die uns und andere segnen und heilen würden. Unsere Lebensaufgabe macht uns glücklich, aber in unserer Angst davor greifen wir andere an.

Groll verbirgt einen besseren Weg. Er versteckt die Wunder, die Gottes Weg sind, die Situation besser zu machen. Groll verbirgt unsere Liebenswürdigkeit und die aller anderen ebenfalls. Diese Liebenswürdigkeit ist Gottes Liebe. Es ist Sein

Versprechen, dass wir nicht trostlos bleiben. Während Groll wegfällt, erscheint ein neuer und besserer Weg. Groll verbirgt die „wahre Welt", die perfekte Welt des Himmels auf Erden, die nicht mit Groll betreten werden kann, weil sie eine Welt der Liebe und der Unschuld ist. Groll verbirgt sowohl Eigenschaften der Liebe als auch der Unschuld. Groll versteckt den Teufelskreis von Schmerz und Idolen. Die Versuchung, sich im Groll zu suhlen, verbirgt das Leiden, das aus Idolen entsteht. Groll hält Schmerz lebendig und dissoziiert. Mit Groll entscheiden wir uns für falsche Beweise, die aus unseren eigenen Selbstkonzepten stammen, und projizieren diese, um einen anderen Menschen zu beschuldigen, etwas falsch gemacht zu haben. Groll verbirgt Idole. Er zeigt uns, was wir zu bekommen versucht haben. Er zeigt uns, dass wir versucht haben, etwas außerhalb von uns zu besitzen, von dem wir geglaubt haben, dass es uns glücklich machen würde. Ein Idol ist ein falscher Gott, der in seinen zerschlagenen Träumen zum Tod führt.

Groll verbirgt auch, dass wir wollen, dass die Welt *unseren* Regeln folgt. Und wenn sie das nicht tut, greifen wir an. Groll versteckt, dass wir die Situation benutzt haben, um unser Ego aufzubauen. Groll verbirgt „den grundlegenden Wunsch des Egos ... Gott zu ersetzen." (*Ein Kurs in Wundern*, Übungsbuch, Teil I, Lektion 72, 2:1*)* Das Ego will Gott sein und alle verdammen, die es nicht seinen Gesetzen entsprechend richtig machen. Groll verbirgt, dass er Trennung will, weil das dem Ego die Besonderheit gibt, die es sich wünscht.

Das Ego richtet Konflikte ein. Indem es demonstriert, wie sehr es bei Streitigkeiten benötigt wird, versucht das Ego zu beweisen, dass wir es brauchen.

Werde dir heute deines Grolls bewusst und deines Wunsches, dich zu trennen, um eine Welt zu haben, die dir gehört und dir allein, eine Welt, die Gott und Einssein nicht betreten können. Unser Groll verbirgt die Führung, die Inspiration und die Wunder, die immer für uns verfügbar sind.

19

Die verborgene Seite der Angst

Die verborgene Seite der Angst besteht darin, dass sie mit Verlustgefühlen, Verlassenwerden, Bedürftigkeit, Gefühlen der Unzulänglichkeit und Schuld verknüpft ist. Sie ist außerdem mit Widerwillen und Widerstand verbunden. Nachdem eine Trennung geschehen ist, weigert sich dieser Teil von uns, vorwärtszugehen, weil wir das Gefühl haben, dass die Zukunft so schlecht wie die Vergangenheit sein wird und dass wir unzulänglich sind und uns ihr nicht stellen können. Wenn wir vorwärtsgehen, haben wir das Gefühl, das Bedürfnis aus der Vergangenheit hinter uns zu lassen. Wir befürchten, dass es dann niemals erfüllt werden wird. So haben wir mit jedem Verlust und jedem schmerzlichen Ereignis, das wir jemals erfahren haben, einen Widerstand gegen das Vorwärtsschreiten aufgebaut. Das ist genau das, was das Ego will, da es versucht, den jetzigen Zustand zu erhalten. Es hat eine Identität aufgebaut. Sich auf wahre Weise vorwärtszubewegen bedeutet, diese Identität aufzulösen, da wir uns auf einer neuen Ebene mit anderen und mit dem Leben verbinden. Als Folge davon verlieren wir sowohl ein Selbstkonzept als auch eine Egowand, die uns in der Illusion hält.

Es gibt bestimmte Prinzipien, die unseren Widerstand heilen, wie Bereitschaft, den nächsten Schritt machen, Akzeptanz und Vergebung. Dies führt zu einem besseren Weg, zu besseren Wegen, da die Lektionen und der Widerstand weiterhin auftauchen werden, bis wir unser Selbst von dem kleinen Selbst, das wir geschaffen haben, zurückgewonnen haben. Wir bewegen uns von Zusammenziehen zu Ausdehnung. Als eine Folge eines alten Fehlers bleibt die Versuchung bestehen, einen Teil von uns zu verstecken, bis dieser Fehler korrigiert worden ist. Diese Fehler sind derzeit in unseren Überzeugungen eingeschlossen und in allen Überzeugungen über uns selbst und unsere Identität.

Diese Fehler sind *unsere* Fehler, und zwar trotz der überzeugenden Geschichten, die wir darüber erzählen, wie schlecht uns jemand behandelt hat. Paradoxerweise stellt sich heraus, dass es am schwierigsten ist, die Identität loszulassen, das Selbstkonzept, das wir aus dunklen und schmerzhaften Überzeugungen als eine Folge unserer Fehler geschaffen haben. Auf der tiefsten Ebene des Unbewussten manifestiert sich das als unser Kampf mit Gott darüber, wer wir sind.

Wir glauben, uns selbst erschaffen zu haben. Dies verbirgt, wie Gott uns als Liebe, Licht und Geist geschaffen hat. Jeder Schritt vorwärts ist ein Schritt zurück zu dieser Erkenntnis, dass wir so sind, wie Gott uns geschaffen hat. Also gehen wir Schritt für Schritt vorwärts. Wenn wir über unsere Unabhängigkeit bis zur gegenseitigen Abhängigkeit und schließlich darüber hinaus bis zur radikalen Abhängigkeit von Gott gegangen sind, erreichen wir die Phase der Einheit. Die Einheitsphase ist die Erkenntnis, dass wir alle in einem Gewebe miteinander verknüpft sind. Hier lauern unsere chronischen Probleme, also unser tiefer Widerstand und unsere schlechte Einstellung. Sie werden normalerweise „sicher" verdrängt und kompensiert. Hier haben wir einen Teufelskreis zwischen unserem Ego sowie dem Groll und den Urteilen, die wir benutzt haben, um es zu erschaffen. In der Einheitsphase ist unser Groll mit altem Schmerz verknüpft, und wir haben versucht, etwas außerhalb von uns zu bekommen, von dem wir geglaubt haben, dass es uns vollständig machen würde. Viele Male sehen wir das als unsere Träume an – aber es sind Mechanismen des *Bekommens*, die zu Schmerz, Groll und mehr Ego führen.

Dies ist unser allerletzter verzweifelter Versuch in unserem Kampf mit Gott. Wir kämpfen darum, wer Gott ist und wer unser Leben bestimmen darf. Wir verletzen uns selbst, um Gott als einen schlechten Gott anzuklagen und so vorzugeben, dass wir Gott sind. Dies geschieht jedoch auf Kosten von fürchterlichen Schmerzen und Problemen. Wir stellen zu unserem großen Verdruss fest, dass wir dort einen sehr hohen Preis bezahlen, wo wir uns vom Licht abgewendet und uns widersetzt haben.

Engagierte Verpflichtung, die Entscheidung, uns auf die nächste Ebene zu begeben, Vertrauen, sogar die Bereitschaft, willens zu sein, bringen uns vorwärts auf einen besseren Weg. Höre niemals auf, dich zu entwickeln und emporzuheben. Die Verpflichtung zur Verbundenheit mit einem anderen Menschen auf einer neuen Ebene hat die gleiche Wirkung. Entscheide dich für das Licht. Wolle das Licht von ganzem Herzen, wo es *Dunkelheit* in deinem Leben zu geben scheint. Deklariere diese Worte aus *Ein Kurs in Wundern* immer wieder mit fester Absicht: „Es muss einen besseren Weg geben." Dies kann dich vorwärtsbringen und das Problem Schicht um Schicht beseitigen.

Eine Wurzel aller Probleme ist Angst. Deshalb besteht per Definition auch ein verborgener oder nicht so verborgener Widerstand dagegen, vorwärtszugehen. Wir möchten wirklich, dass die Dinge besser werden, aber wir wollen die Identität nicht verlieren, die wir geschaffen haben. Wir möchten die versteckte Autonomie behalten, die wir aus der Situation gewinnen und die unter Problemen, Schmerzen, Krankheit, Abhängigkeit, Aufopferung und allen möglichen Kompensationen begraben liegt. Wir glauben, dass wir gute, nette Menschen sind, aber wir haben so viel Hass und Selbsthass in uns angesammelt. Auf der tiefsten Ebene kann dies nicht wahr sein, aber wenn es nicht untersucht wird, hat es einen zerstörerischen Einfluss auf uns. Unter der schlechten Einstellung auf dieser Ebene des Unbewussten befinden sich unsere Angst vor der Veränderung, unser Autoritätskonflikt im Allgemeinen und unsere Angst, uns Gott als Gott hinzugeben.

Einige religiöse und spirituelle Menschen sind entsetzt, wenn sie erkennen, dass wir diesen Grad des Kampfes mit Gott in uns tragen. Wärst du bereit, diesen Bereich zu finden, wenn er sich in dir befindet, damit du dich davon befreien kannst? Wärst du bereit, eine neue Entscheidung darüber zu treffen, in was du investieren willst? Würdest du dich dem Licht verpflichten? Wärst du bereit, mit deiner Entscheidung der ganzen Welt zu helfen? Auf dieser Ebene des Bewusstseins ist es einfacher, die Wunder wahrzunehmen, die angeboten werden, und zu wissen, dass dein Sprung nach vorn der ganzen Welt hilft. Gib deine Idole, deine Egoidentität, deinen Schmerz und deinen Groll auf, denn sie sind alle aus dem gleichen Stoff gemacht.

20

Jede Verstimmung

Wir entwickeln uns aus unserer Abhängigkeit weiter. Dort war es einfach für uns, zum Opfer zu werden. Wir haben uns in die Unabhängigkeit begeben, wo es einfach war, dissoziiert zu sein. Während wir anfangen, unseren Abschluss von unserer Unabhängigkeit und unserem Bedürfnis nach Kontrolle, nach Rechthaben und nach Gewinnen zu machen, öffnen wir unser Herz und lassen die Vergangenheit los. Wir erreichen die Ebenbürtigkeit und den immer größeren Erfolg und die immer größere Intimität der gegenseitigen Abhängigkeit. Dies bringt uns durch den ersten Schritt in der Partnerschaft und darüber hinaus in die Führungsphase und in die Freundschaft mit immer mehr Menschen. Das Wachstum schreitet fort, bis wir schließlich erkennen, dass wir uns in radikale oder spirituelle Abhängigkeit begeben haben. Dies ist der letzte Abschnitt von Wachstum und Heilung. Dort streben wir danach, uns auszulöschen. Dies erfolgt in dem Wissen, dass die Identität, die wir aufgebaut haben, die Essenz von dem verbirgt, wie wir erschaffen wurden: als Licht und Liebe. Die Identität, die wir kreieren, ist eine Lüge, die wir anderen und uns selbst erzählen. Hinter dieser Identität jedoch, die auf Schmerz und Trennung aufbaut, befinden sich Freude und die Grenzenlosigkeit des Einsseins.

Jede Verstimmung kann eine Gelegenheit nicht nur zur Heilung, sondern zur Vernichtung unseres Egos sein. Das Ego baut auf der Ungerechtigkeit sowie auf der Angst und der Schuld auf, die daraus entstanden sind, dass wir uns getrennt haben, wenn wir stattdessen hätten helfen können. Unser Ego wurde als eine Form der Rache geschaffen, und es hält uns im Innern der Wände gefangen, die wir für uns selbst gebaut haben. Diese Wände sind falsch und beruhen auf Illusion. Unser Ego beruht auf Angriff und Selbstangriff. Und während es verspricht, uns vor Angriff zu retten, indem es zuerst angreift, lädt es stattdessen alle möglichen Angriffe durch das ein, was es ist und wie es sich verhält: die Quelle jeglichen Angriffs. Wir werden unsere Emotionen entweder dafür benutzen, zu erkennen, wo *wir* vom Kurs abgekommen sind, sodass wir sie korrigieren können, oder wir werden sie für unser Ego einsetzen. Ganz gleich, welcher Pfad es auch ist, wir dürfen den Pfad wählen, dem wir folgen. Ein Pfad führt zu Heilung und Glücklichsein, der andere zu Selbstgerechtigkeit und Unglücklichsein. Wenn wir dem Pfad der Wahrheit folgen, bringt er größere Vollständigkeit und größeres Glücklichsein.

In den höheren Phasen der gegenseitigen Abhängigkeit beginnen wir zu erkennen, dass wir unserer selbst müde werden. An diesem Punkt greifen wir entweder uns selbst an oder entscheiden uns, unser Ego sterben zu lassen – wir sterben uns selbst gegenüber. Wir können die Gelegenheit nutzen, um uns selbst auszulöschen, wie der Heilige Franz von Assisi vorschlug. Mohammed wies darauf hin, dass wir sterben werden, bevor wir sterben. Jesus empfahl, dass wir sterben und wiedergeboren werden. Die indische Heilige Robia sagte, dass sie vor ihrem Tod tausend Tode gestorben war. Während wir uns der Erleuchtung nähern, gibt es weniger von uns und mehr vom Himmel. Während wir uns weiter Richtung Einssein bewegen, streben wir mehr und mehr nach Selbstvernichtung, weil wir wissen, dass das Ego falsch ist. Emotionen können zeigen, wo sich das Ego etabliert hat. Wir fühlen uns missbraucht, gekränkt, sogar beleidigt, und dies sind Anzeichen für das Ego sowie für ein Anhaften, das wir nicht aufgeben wollen.

Das Ego ist voller Anhaftungen, und wenn wir eine Emotion spüren, weist der Schmerz darauf hin, dass es eine Anhaftung gibt, die wir jetzt loslassen sollen. Jede Emotion ist eine Beschwerde unseres Egos gegen jemand anders und sie kann dazu benutzt werden, die Wurzel zu finden, an der dieses Problem begonnen hat. Wenn wir die Emotion verfolgen, indem wir ihr entweder zu ihrem Anfang nachspüren oder unsere Intuition einsetzen, können wir zu der ursprünglichen Wunde gelangen.

Zuerst sind wir aufgerufen, alle die negativen Emotionen zu fühlen, bis sie sich aufgelöst haben. Die nächste Schicht ist eine tiefere Schicht der Verantwortlichkeit. Hier erkennen wir, dass wir die Entscheidung getroffen haben, dass die Situation so ist, wie sie war und ist. Der Zweck, für den wir diese Traumata und Ereignisse benutzt haben, ist nicht schön. Während wir zunehmend heilen, kommen alle unsere bösartigen Egoabsichten an die Oberfläche, um vergeben, losgelassen und integriert zu werden. Wir erkennen die Rolle, die wir in jeder Situation gespielt haben, wie wir sie gewählt haben, sowie die verborgene Negativität, die wir dort vergraben haben. In diese Negativität sind Angriff und Rache eingeflossen. Fühle dich dann durch die Situation und verbrenne alle Emotionen und Motivationen, die du vor dir selbst verborgen hast. Dann wird nichts als Frieden zurückbleiben. Dies kann sogar bis zu dem Punkt erfolgen, an dem das Ereignis nicht länger erinnert wird und sich an seinem Platz stattdessen Vollständigkeit befindet, mit einer neuen Offenheit für Führung und einem tieferen Wunsch, uns selbst in Liebe zu geben.

21

Gott ist wirklich

Viele von uns sind mit einer bestimmten Religion aufgewachsen. Als Folge davon haben wir zum Beispiel ein Bild von Gott als eine gutmütige Großvaterfigur in den Wolken. Als wir erwachsen wurden, wurden wir immer unabhängiger und viele von uns ließen ihre Religion natürlicherweise hinter sich. Sogar wenn wir unsere Religion behalten haben, sind wir sehr unabhängig geworden und haben geglaubt, dass wir alles allein machen müssten. Wir haben gelebt, als wenn es keinen Gott gäbe, der über uns wachte und uns auf unser Bitten hin half. Wir haben ein starkes Ego aufgebaut, und das hat nicht viel Raum gelassen, um uns selbst, andere oder Gott einzubeziehen, bis wir begonnen haben, uns auf den Weg zur gegenseitigen Abhängigkeit zu machen.

Unser Ego hat viele Fallen aufgestellt, um uns in der Unabhängigkeit zu halten. Es hat uns damit verlockt, gegen andere zu gewinnen. Es hat uns damit versucht, recht zu haben, überlegen oder gut zu sein. Es hat uns nicht gezeigt, dass all dies Fallen waren, die auf Konkurrenz und der Angst vor dem nächsten Schritt aufbauen. Diesen Versuchungen zu erliegen bedeutete, in Teufelskreisen gefangen zu werden: Gewinnen und Verlieren, Beherrschen und Unterwerfung, Selbstgerechtigkeit und Unrechthaben, Gut und Böse, Überlegenheit und Unterlegenheit. Es hat außerdem Teufelskreise von Schadenfreude eingerichtet, wenn wir das Gefühl hatten, gewonnen zu haben, und von Schmollen, wenn wir glaubten, nicht gewonnen zu haben.

Dennoch haben wir, während wir vorwärtsgeschritten sind, uns mehr mit anderen verbunden und als Folge davon wieder mehr Spiritualität in unserem Leben zugelassen. Wir haben begonnen, die Gnade willkommen zu heißen, weil wir nur durch Gnade unsere Lebensaufgabe erfüllen konnten. Wir haben außerdem begonnen, in gegenseitiger Abhängigkeit mit ihrer Hilfsbereitschaft, ihrem

Gleichgewicht, ihrer Liebe, Integrität und ihren höheren Ebenen des Vertrauens zu wachsen. Wir haben angefangen, Führung einzuladen, und als eine Folge davon haben wir uns mehr engagiert. Unser Leben wurde typischerweise trotz Herausforderungen mehr von Gnade und Glücklichsein erfüllt. In Bewusstsein zu wachsen bedeutet, unser Ego mehr und mehr hinwegschmelzen zu lassen. Das schafft Raum für andere, und im gleichen Ausmaß auch Raum für Gott – welchen Namen auch immer wir Ihm geben. Während wir Fortschritte machen, bitten wir immer mehr um Hilfe und geben immer mehr Hilfe.

Wir übernehmen Verantwortung für das, was in unserem Leben passiert, und bitten um Gnade, um die Fallen aufzulösen, in denen wir uns verfangen haben. Die Idee von Gott willkommen zu heißen ist der Anfang davon, die Tür zu Gott selbst zu öffnen, und zwar nicht als eine Idee, sondern als eine Wirklichkeit. Das hilft uns, Gott und Seine Liebe kennen zu lernen, und ermutigt uns, Zeit in der Freude Seiner Gegenwart verbringen zu wollen. Wir erkennen, dass alle Entwicklung sich auf Einssein zubewegt und dass wir Urteile loslassen.

Während wir uns entwickeln, erkennen wir, dass alles, was wir brauchen, Gott ist. Das erlaubt uns, Vertrauen in jede Situation zu bringen. Wir erkennen, dass wir, um erfolgreich zu sein, nur das gesamte Vertrauen Gottes in eine Situation setzen müssen. Wir sehen jeden Einzelnen als ein Kind Gottes, und während wir ihnen helfen, heilen wir unsere Beziehung mit Gott immer mehr. Während Gott wirklich für uns wird, beginnt die Angst, sich aufzulösen, weil wir wissen, dass wir niemals allein gehen. Gnade ist immer gegenwärtig und wartet immer darauf, helfen zu können.

Die letzte Wachstumsebene ist die radikale Abhängigkeit, in der wir wie ein kleines Kind werden, um das Königreich des Himmels betreten zu können. Wir lassen uns anleiten. Wir übergeben das Ruder unseres Lebens. Wir laden den Himmel ein, die Grade, die Stärke und die Wunder zu bringen, um uns selbst und anderen zu helfen, unsere Lebensaufgabe zu leben und zu lernen, im Einssein zu geben und zu empfangen. Wir werden langsamer und erkennen, dass das einzige wirkliche Ziel darin besteht, in dem Frieden und in der Freude von Gottes Gegenwart zu sein. Wenn wir angeleitet werden, etwas zu tun, lassen wir zu, dass Gott es durch uns tut. Wir geben unseren Angriff, unser Urteil und damit unsere Angst vor Gott auf. Wir lassen zu, dass Er uns liebt und uns mit Seinen Wundern hilft. Wir wachsen in Unschuld, Vollständigkeit und Frieden. Gott ist wirklich und der Rest ist Illusion. Gott ist wirklich und der Rest ist das Hirngespinst unseres Egos. Gott ist wirklich und der Himmel ist unausweichlich, während die Welt in Vergebung verschwindet.

22

Die Investition des Egos in Schmerzen

Das Ego ist in Schmerzen, Niederlage, Herzensbruch und zerschlagene Träume investiert, weil es das Prinzip der Trennung ist und diese Dinge zur Trennung benutzt. Alles, was es verwenden kann, um auf uns selbst zu verweisen, um besondere Aufmerksamkeit zu erhalten, um uns selbst schmerzvolle Emotionen zuzufügen oder alles, was zu Konflikten führt, baut das Ego auf. Dies macht uns einsam, isoliert, entfremdet und getrennt. Das Ego setzt Kämpfe und Kriege ein, um seine Notwendigkeit unter Beweis zu stellen und sich aufzublasen. Wenn die Trennung größer wird, fühlen wir mehr Schmerzen, und wir benutzen das, um uns selbst zu verherrlichen. Wir benutzen es, um darauf hinzuweisen, was unsere Körper tun und was ihnen geschieht oder angetan wird. Das Ego baut unsere Identifikation mit unserem Körper auf, und daher weist das Ego immer auf sich selbst hin. Es weist auch auf das hin, was es durchmacht, um mehr Aufmerksamkeit zu erhalten, auch wenn uns dies zurückwirft und uns schrumpfen lässt. Verstecken ist eine hinterhältige Weise, auf uns selbst hinzuweisen und darauf, wie viel wir gelitten haben.

Das Ego ist kein Freund von uns. Es ist wichtig zu erkennen, dass das Ego andere Ziele hat, die sich von denen unterscheiden, die wir bewusst verfolgen. Es ist nur um seine eigene Sicherheit und den jetzigen Zustand besorgt. Es will sich aufbauen und tut das auf unsere Kosten. Unsere Ziele der Liebe, des Glücklichseins und des Himmels unterscheiden sich von den Egozielen der Trennung, der Besonderheit und der Hölle. Das Ego kümmert sich nicht darum, dass wir in der Hölle unter dem leiden, was es tut. Es verursacht eine hohe Zeche und läuft dann davon, damit wir sie bezahlen müssen. Wir sind nicht unser Ego. Wir sind viel mehr als die Identität, die wir in diesem Leben für uns geschaffen haben.

Wir sind das Licht und die Liebe und der Geist, der eine Ausdehnung unseres Schöpfers ist. Unser wahres Ziel im Leben besteht darin, unseren Weg nach Hause zu finden und die Freude zu erfahren, die unser *Sein* in der exquisiten Freude des Seins selbst ist.

23

Glück

In der deutschen Sprache gibt es das Wort Glück, das sowohl bedeutet, glücklich zu sein als auch Glück zu haben. Es vereint zwei wichtige Ideen. Ich fing an, Glück zu beobachten, als ich an der Universität war. Es fiel mir besonders im Zusammenhang mit einem Freund auf, der bei allem, was er tat, sehr viel Glück hatte. Ich erkannte, dass sein Fluss und die Synchronizität, die sein Glück verursachte, aus seinem Gefühl der Unschuld zu kommen schienen. Er war sorglos und glücklich und genoss das Leben einfach mehr als beinahe jeder andere. Er liebte seine Frau, er hatte Glück beim Basketballspiel, beim Pokern um Pfennige und im Leben allgemein. Er lachte gern und war freundlich, warmherzig und offen. Diese Eigenschaften schienen seinen Weg bei allem, was er tat, zu ebnen, aber darunter schien die Unschuld die entscheidende Dynamik zu sein. Sein Leben war nicht nur von Glück geprägt, er war einfach glücklich. Er liebte das Leben und er feierte es.

Ich weiß, dass du das Geschenk des Glücks oder jedes andere Geschenk, das du wirklich haben willst und das Integrität besitzt, auf vier verschiedene Weisen haben kannst:

1. Wolle es von ganzem Herzen.
2. Eröffne dieses Geschenk in deinem Innern. Wir sind alle im Einssein gewesen, und als wir aus diesem Ort herausgefallen sind, haben wir ein Seelengeschenk nach dem anderen begraben. Diese können jetzt jedoch erneut geöffnet werden. Du hast *Glück* in dir. Entscheide dich dafür, es zu öffnen.
3. Verpflichte dich beständig dem *Glück*.

4. Bitte Gott, der uns immer alles gibt, dir *Glück* zu geben. Dies öffnet dich dafür, zu empfangen, was dir bereits gegeben worden ist.

Fange heute damit an, um *Glück* zu bitten. Bitte morgen erneut darum, und bitte darum, deine Unschuld zu erfahren, denn du wurdest in Unschuld erschaffen. Sei heute glücklich und habe Glück!

24

Verbindung mit der Vergangenheit

Wenn du dich in der Gegenwart befindest, erfährst du Frieden und Freude. Die Gegenwart ist das Portal zur Zeitlosigkeit, aber wenige Menschen verbringen Zeit in der Gegenwart. Wenn du verängstigt bist, versuchst du, einen Handel mit der Zukunft abzuschließen. Die Zukunft ist jedoch noch nicht hier. Dein Bild von der Zukunft entsteht aus deiner Vergangenheit und deinen ungeheilten Erfahrungen. Du siehst die Zukunft mit einer negativen Perspektive voraus. Du hast eine Fantasie darüber, in welcher Hinsicht sie schlecht sein wird. Weil die Zukunft noch nicht gekommen ist, handelt es sich nur um Fantasie. Deine Fantasie stellt bestimmte Richtlinien von Erwartungen auf, bestimmte Muster, die dafür sorgen, dass sich deine Erfahrung entlang der Linien bewegt, die durch das Muster bestimmt werden. Das Ausmaß, in dem deine Vergangenheit dunkel ist und voller ungeheilter Emotionen steckt, ist das Ausmaß, in dem die Zukunft dunkel sein wird. Es sei denn, sie wird transformiert. Alle Emotionen der Vergangenheit sind mit Schuld verknüpft. Abgesehen von den Mustern der Selbstvereitlung, die diese Emotionen mit sich bringen, bestrafst du dich auch für die Schuld, die du in dir trägst.

Das Ego möchte die Gegenwart übersehen, die eine Gefahr für es darstellt. Das Ego will keinen Frieden, sondern lieber Stress und Konflikt. Das Ego will keine Freude, weil Freude aus Liebe kommt und beide die Wände des Egos hinwegschmelzen. Die meisten Menschen überspringen die Gegenwart und begeben sich direkt in die Zukunft.

Du gehst nirgendwohin. Du lernst, hierherzukommen. Wenn du den Abschluss von der Partnerschaft in die Führungsphase machst, befindest du dich im Fluss. Je mehr du im Fluss bist, desto mehr Glück hast du und umso mehr hast du auch das Gefühl, dein bestes Selbst zu sein. Wenn du die Visionsphase erreichst, dann vergeht die Zeit schnell auf kreative Weise, und zwar ungefähr so:

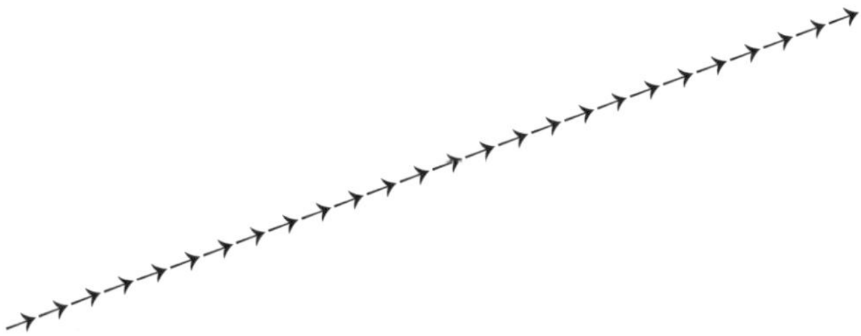

Jeder Abschnitt ist wie die Stufe einer Rakete, die abgeworfen wird. Wenn du zur Meisterschaftsphase aufsteigst, kommst du mehr in das Hier und Jetzt. Wenn du die Meisterschaft vollständig erreichst, erkennst du, dass du nur im Hier und Jetzt sein möchtest. Denn wenn du nicht in der Gegenwart bist, bist du weder mit deiner Erfahrung noch mit anderen, noch dem Himmel gegenwärtig. Ohne die Gegenwart gibt es keine Liebe und keine Freude.

Die Schritte der Meisterschaft sehen so aus:

Deine Meisterschaft wächst, während es weniger von dir und mehr vom Himmel gibt. Während dies geschieht, bist du offener für Gnade und Führung. Du bewegst dich von unten nach oben. Dein Ziel ist, dein Ego aufzulösen. Dein Ziel ist, weniger von dir und mehr vom Himmel zu haben. Während du die höheren Stufen der Meisterschaft erreichst, kommt der Fluss durch und ändert das Geschehen um dich herum und erhebt es durch deine Gegenwart. Du bist ein Motor des Wandels durch dein *Sein*.

Deine Verbindung mit der Vergangenheit muss eine Verbindung der Heilung sein, damit das Licht durch die Lügen und Illusionen deiner Vergangenheit scheint, bis du vollständig präsent wirst. Die beste Einstellung bezüglich der Zukunft ist, deine Liebe in die Zukunft zu schicken und sie in Gottes Hände zu legen. Auf diese Weise kannst du aufhören, nachlässig oder vorsichtig zu sein, und stattdessen sorglos, gegenwärtig und freudvoll werden.

25

Alle Emotionen enthalten Elemente der Isolation

Jede Emotion enthält eine Empfindung, dass du dich vollkommen allein fühlst. Der Grund dafür ist, dass alle Emotionen ihren Ursprung in Trennung haben. Wenn eine Emotion aus dem Innern ausbricht, wird sie durch etwas ausgelöst, was uns an die Quelle, den ursprünglichen Schmerz und die Trennung erinnert. Dazu gehört auch das ursprüngliche Gefühl der Isolation, des Missverständnisses und der Einsamkeit, die mit jeder Trennung beginnt. Dennoch wird die Einsamkeit, die mit der Trennung einhergeht, nicht so sehr bemerkt, weil es da den intensiveren Schmerz gibt, der ebenfalls durch die Trennung entsteht. Das Ego gedeiht durch alles, was uns zu trennen scheint, weil es Trennung ist. Je mehr Trennung es gibt, umso mehr scheint sie unser Leben zu bestimmen.

Die Isolation und die Einsamkeit, die wir erfahren, sind immer noch entscheidende Aspekte unserer vergangenen Erfahrung, die in die Gegenwart übertragen worden sind. Heilung kann durch das Heilen der Trennung, des Gefühls der Isolation oder der Einsamkeit erfolgen. Alles, was uns verbindet oder die Verbundenheit wieder herstellt, wird die Sache sein, die uns erneut vollständig macht. Auf der tiefsten Ebene ist Trennung eine Illusion, weil wir Einssein nicht teilen können und Gott uns als eine Ausdehnung von sich selbst als Einssein erschaffen hat. Und Gott könnte weder Trennung noch die Existenz der Dualität in unsere Schöpfung bringen, weil Gott das eigentliche Prinzip des Einsseins selbst ist. In *Ein Kurs in Wundern* gibt es eine Lektion, die besagt, dass alle Probleme das Ergebnis der Trennung sind und dass die Trennung niemals wirklich passiert ist. Wir haben nur geträumt, dass sie geschehen ist. Die Lektion, die sie uns anbietet, ist: „Lass mich erkennen, dass meine Probleme gelöst sind." (*Ein Kurs in Wundern*, Übungsbuch, Teil I, Lektion 80)

Wenn wir die wahrgenommene Trennung zusammen mit unserer ursprünglichen Ganzheit integrieren würden, dann würden die Emotion und das Problem verschwinden, weil Illusionen und Dunkelheit durch Trennung entstanden sind. Wenn wir erkennen, dass die Trennung niemals wirklich geschehen ist, dann verschwindet das Problem.

26

Emotionen bedeuten, dass es eine Lektion gibt, die ich nicht gelernt habe

Emotionen sind Gefühlsausbrüche, die als unerledigte Angelegenheiten aus der Vergangenheit übertragen worden sind. Diese Emotionen belasten uns und rauben uns unsere Energie. Außerdem kostet es Energie, diese Emotionen zu unterdrücken, zu verdrängen oder zu kompensieren, indem wir uns anders verhalten, als wir uns fühlen.

Eine Emotion ist eine Reaktion, stellt jedoch kein Eingehen auf eine Situation dar. Sie weist uns auf eine nicht gelernte Lektion hin. Aber wir rechtfertigen immer, was wir fühlen, als ob es die Wahrheit wäre. Es ist wahr, dass wir die Emotion fühlen, aber wenn sie irgendeine Negativität enthält (und Emotionen enthalten immer ein Urteil und Negativität), dann ist es ein Fehler unsererseits. Wenn wir unseren Fehler anerkennen würden, könnte unser Höheres Selbst den Fehler korrigieren. Während wir ihn jedoch rechtfertigen oder auf selbstgerechte Weise handeln, verteidigen wir die Schuldgefühle, die immer mit einer Emotion verbunden sind.

Lasst uns unseren Fehler zugeben, wenn wir Emotionen haben. Wir wollen uns dazu verpflichten, die zugehörige Lektion zu lernen. Lasst uns die Vergangenheit nicht in die Gegenwart zerren. Lasst uns den Fehler vergeben und frei sein.

27

Du wirst nur dann von den Erwartungen anderer beeinträchtigt, wenn du sie teilst

Erwartungen üben Druck auf dich aus. Wenn *du* sie hast, dann hörst du Bitten oder Einladungen anderer als ein „*Muss*". Du hörst die Bitten anderer Menschen an dich als fürchterliche Belastung durch das, was du nach Meinung anderer *tun solltest*. Eine Erwartung ist eine Kompensation für ein Bedürfnis, genau wie Perfektionismus eine Kompensation für das Gefühl ist, nicht zu genügen. Beide entstehen aus der Trennung. Während wir versuchen, uns von unserer Bedürftigkeit zu distanzieren, schlägt das Ego vor, dass wir kompensieren und uns unabhängig verhalten. Auf diese Weise bleibt die Abhängigkeit im Bewusstsein, während du Unabhängigkeit vorgibst.

In der Tat hat die Triade von Unabhängigkeits-, Abhängigkeits- und Aufopferungsrollen begonnen, als die Trennung geschah. Erwartungen machen alles zu Aufopferung. Unabhängigkeit ist der verborgene Aspekt jedes Traumas oder Problems, das ein Teil der Trennung ist. Diese Unabhängigkeit ist das, wonach sich das Ego sehnt – Kontrolle zu haben und die Dinge auf seine Weise zu tun. Alle drei Rollen sind die Methode des Egos, um Verbundenheit zu unterbrechen. Das Ego genießt Aufopferung. Das ist ein Geben, das eine Rolle darstellt, und deshalb nicht empfängt. Abhängigkeit empfängt ebenfalls nicht, denn wenn sie das täte, würde die Verbundenheit wiederhergestellt und die Unabhängigkeit ginge verloren.

Eine Erwartung ist ein Bild in deinem Bewusstsein davon, wie du, Situationen oder andere Menschen deine Erwartungen erfüllen sollten. Du stellst Erwartungen an dich selbst auf die gleiche Weise, in der du sie an andere stellst. Wenn du eine Erwartung hast, ist nichts jemals gut genug für dich, weil du das Gefühl hast, dass du für nichts gut genug bist. Erwartungen machen es unmöglich, zufriedengestellt zu werden, und als Folge davon wächst der Stress einfach immer mehr. Es gibt kein Geben-Empfangen; sondern nur *sollte* und *muss*. Alles wird zu einer *Verpflichtung*, und es unterwirft dich scharfer Kritik, während du dich anstrengst, das zu tun, was du dir und anderen auferlegt hast. Wenn du hier gefangen bist, sind deine Beziehungen wirklich in Gefahr. Wenn du glaubst, dass andere Menschen Erwartungen an dich stellen, wirst du dich ihnen widersetzen oder dein „*Ich tue es, aber ich bin darüber nicht glücklich*"-Gesicht aufsetzen. Oder du widersetzt dich einfach diesen Erwartungen. Erwartungen sorgen dafür, dass du mit dir uneins bist. Du hast ein gespaltenes Bewusstsein. Du willst dein Ziel, und du willst auch deine Unabhängigkeit. Das macht es doppelt so schwer für dich, deine Ziele zu erreichen. Das Ego überzeugt dich davon, dass du sowohl Unabhängigkeit als auch dein Ziel haben kannst, indem du auf Bekommen, Nehmen, Manipulation oder Konkurrenz zurückgreifst. Dieses Verhalten führt letztendlich jedoch nur zu Verlieren und Herzensbruch. Das baut dein Ego auf, das Zufriedenheit durch die Schadenfreude des Gewinnens oder den Schmerz des Verlierens ersetzt. Wir verlieren schon bald den Unterschied zwischen Schadenfreude und wirklicher Zufriedenheit aus den Augen, weil wir so sehr mit dem Versuch beschäftigt sind, diese Ziele zu erreichen. Der Unterschied zwischen Zufriedenheit und der Schadenfreude des Egos ist einfach, denn die Egomaschen ziehen immer Aufmerksamkeit auf sich. Gewinnen oder sogar Verlieren führt zur Selbstverherrlichung. „Hallo, schau mich an. Ich bin so beschäftigt. Ich bin so gestresst, dass ich ein wichtiger Mensch sein muss. Ich habe so viel zu tun, schau mich an!" Oder: „Schau mich an! Sieh nur, wie viel ich gelitten habe."

Wenn jemand eine Erwartung an dich stellt, die du nicht an dich selbst hast, dann berührt dich diese Erwartung nicht. Es sei denn, du steckst so sehr in der Erwartungsphase fest, dass dir beinahe alles eine Last aufzuerlegen scheint. Dann verlierst du die Freude am Leben, weil du dich selbst antreibst.

Wenn ich zum Beispiel sagen würde: „Du *solltest* eine Bank überfallen. Wenn du das tätest, wären alle deine Probleme gelöst. Das ist, was du *tun musst*", würden nur wenige Menschen Gewissensbisse bei dem Vorschlag empfinden, eine Bank zu überfallen. Wenn ich jedoch zu dir sagen würde: „Du *solltest* ein besserer Partner oder ein besseres Kind für deine Eltern sein", fühlen sich die meisten Leute normalerweise von dieser Erwartung berührt. Aber es sind nur die Erwartungen, die du dir bereits selbst auferlegst, die dich belasten und unter Druck setzen.

Zielsetzung, Loslassen und dich für das entscheiden, was du willst, befreien dich von Erwartungen. Ohne sie verdammst du dich selbst zu zu vielen Zielen, zu

Stress, Beschäftigtsein und schlechter Verbindung zu anderen Menschen. Oder du gibst einfach auf, weil du das Gefühl hast, dass es keine Möglichkeit gibt, bei all dem Druck erfolgreich zu sein. Die Erwartungsphase ist die unabhängigste aller Phasen. Wir haben nicht gelernt, dass wir, anstatt das Gefühl zu haben, das wir etwas *müssen*, uns für Delegieren, Partnerschaft und Erkennen, wer mit uns geht, entscheiden können.

28

Emotionen fühlen, die nicht deine eigenen sind

Wir können Emotionen, die nicht unsere eigenen Emotionen sind, auf verschiedene Weisen fühlen. Zwei davon sind die folgenden: 1) durch Introjektion und 2) durch das „Durchsickern" des kollektiven Egobewusstseins in unser Bewusstsein. Natürlich beginnen wir in der Meisterschaftsphase zu erkennen, dass jeder Mensch ein Spiegel von uns ist, oder, wie es in *Ein Kurs in Wundern* heißt, dass wir Teil von allen sind und sie ein Teil von uns sind. Die vollständige Erkenntnis dessen ist das Christusbewusstsein, das eine sehr hohe Bewusstseinsstufe darstellt. Aber darum geht es hier nicht. Ich spreche von versteckten Fallen, die uns zurückhalten und es doppelt so schwer machen, uns zu befreien, weil wir uns ihrer Existenz nicht einmal bewusst sind.

Es gibt zwei Arten der Introjektion. Eine habe ich in den 1970er Jahren entdeckt, und die andere ist ein klassisches Konzept aus der Psychiatrie. Bei der ersten Form habe ich festgestellt, dass wir in dem Wunsch, unserer Familie zu helfen, sowohl den individuellen als auch den kollektiven Schmerz unserer Familie introjiziert oder verschluckt haben.

Bei der Heilung dieser Art der Introjektion wendest du deine Intuition an und fragst dich, wie viel Schmerz du geschluckt hast, der deiner Mutter, deinem Vater, deinen Schwestern, Brüdern, deinen Eltern als Paar und der Familie selbst gehörte. Du kannst die Menge, die du verschluckt hast, in Pfund, Kilogramm oder Tonnen messen. Lass alles los, was du angesammelt hast. Es ist nicht die Wahrheit. Es hält dich zurück. Und auch wenn du diese Emotion mithilfe deiner übersinnlichen Fähigkeiten „verbrennen" magst, ist es ein langsames Verbrennen, das dich in Kodependenz bringt. Es gibt andere Methoden, um Familienmitglieder und andere Menschen zu befreien, wie das Geben deiner Geschenke, Vergebung oder das Einladen von Liebe, Göttlicher Liebe und Göttlicher Gegenwart. Diese Methoden sind viel wirkungsvoller.

Wenn dies abgeschlossen ist, fragst du dich, wie viel Schmerz du von anderen Familienmitgliedern, Freunden, Lehrern, Geliebten, Geschäftspartnern und wichtigen anderen Menschen in deinem Leben geschluckt hast. Lass ihn ebenfalls gehen. Schließlich lässt du den Schmerz los, den du von deinem gegenwärtigen Partner und deinen Kindern aufgenommen hast. Als Nächstes fragst du dich, welche Introjektionsmechanismen du in deinem Innern hast. Lass sie ebenfalls los. Dieser Prozess war nicht deine Aufgabe, sondern die Aufgabe Gottes. Was du getan hast, war nicht die Wahrheit, da die Wahrheit keine Aufopferung verlangt. Wirkliche Heilung verlangt keine Aufopferung. Heilung soll dich befreien, und nicht dich etwas kosten oder dich belasten. Fühle den Unterschied dazwischen, wie du dich jetzt fühlst und wie du dich vor der Übung gefühlt hast.

In der zweiten oder klassischen Form der Introjektion haben wir Werte von Eltern und Familie ohne Überlegung angenommen, als ob sie unsere eigenen wären. Wir haben religiöse, kulturelle, nationale und kollektive Werte „geschluckt", als ob sie unsere eigenen wären. Wir haben außerdem die Persönlichkeit unserer Mutter, unseres Vaters, unserer Schwestern und Brüder oder anderer uns wichtiger Personen wie Familienmitglieder, Freunde, Lehrer, Geliebte, Vorgesetzte, unsere Partner usw. angenommen. Wir nehmen diese Persönlichkeiten an, und sie werden zu Rollen und Programmen in uns mit den dazugehörigen Emotionen. Die Persönlichkeiten und Werte, die wir auf unüberlegte Weise annehmen, verursachen uns Emotionen, die nicht wirklich unsere eigenen sind. Das bereitet uns Schwierigkeiten dabei, diese Überzeugungen und Emotionen anzuerkennen und ihre Quelle zu identifizieren. Das macht es schwieriger, sie loszuwerden. Frage dich deshalb, welchen Prozentsatz dieser Persönlichkeiten du als deine eigenen angenommen hast, und lass sie alle los. Spüre, wie anders du dich fühlst, während du dich dieser Lasten, Rollen, Introjektionen und Emotionen entledigst.

Frag dich schließlich, welcher Prozentsatz an Emotionen, die du fühlst, aus dem kollektiven Unbewussten stammt. Dir sind diese Emotionen zugewiesen worden, weil du sie heilen und damit der ganzen Welt helfen kannst. Übernimm die Verantwortung für sie, und übergib sie dann zur Auflösung dem Himmel.

29

Distanz zu anderen ist dein Widerstand

Wenn Trennung geschieht, beginnt der Widerstand. Deine verlorene Verbundenheit ist ein Plan deines Egos, der im Unterbewusstsein oder im bewussten Verstand entschieden und anschließend sofort ins Unterbewusstsein verdrängt wurde. Das dient dazu, vor dem Bewusstsein wegzulaufen, dass es dein Widerstand gegen den anderen und dein Urteil über den anderen waren, die zu dem schmerzlichen Vorfall geführt haben, und nicht das, was der andere getan hat. Dein Widerstand ist nicht nur gegen die andere Person gerichtet, sondern ist auch ein Widerstand gegen dich selbst. Der Grund dafür ist, dass das, was immer auch der andere Mensch repräsentiert, ein Teil deines Bewusstseins ist, den du verurteilst und ablehnst. Du hast diesen Teil von dir verurteilt und abgespalten und so einen tieferen Konflikt in dir erzeugt.

Zum Zeitpunkt der Trennung hast du dich außerdem Seelengeschenken widersetzt, die gerade auftauchen wollten, um die Situation zu verbessern, sowie Geschenken des Himmels, die in Form eines Wunders (oder in welcher Form auch immer Gnade benötigt wurde) gekommen wären. Dein Widerstand erstreckt sich auch auf den Widerstand gegen deine Lebensaufgabe und deine Bestimmung. Widerstand hält sich selbst aufrecht, indem er immer mehr Angst und Mühe erzeugt. Deine Konflikte sind das, was passiert, wenn du die Verbundenheit abbrichst und dafür einem anderen Menschen die Schuld gibst und dich dadurch größerer Intimität und Erfolg widersetzt. Du widersetzt dich dem nächsten Schritt aus Angst. Das ist jedoch der Schritt, der zu einem besseren Weg führen würde, einem weiteren Schritt in Richtung Einheit und Ganzheit und einem weiteren Schritt in Richtung Zuversicht und Frieden.

Je mehr Widerstand du durch Missachtung der Verbundenheit und durch deine Entscheidung für Kontrolle, Rechthaben und Durchsetzen aufgebaut hast, umso mehr Kampf erfährst du in deinem Leben. Deine anfängliche Unwilligkeit, dich vorwärts zu bewegen, führt dazu, dass du dich in die falsche Richtung aufmachst und dich von Licht und Leben abwendest. Deshalb bringt es dich in deinem Leben vorwärts, wenn du dich durch Vergeben, Helfen oder Lieben auf einen anderen Menschen zubewegst. Vorwärtsbewegen bedeutet, dich in deine Vollständigkeit zu begeben. Es bringt mehr Frieden und Lebendigkeit mit sich, ohne dass die Notwendigkeit nach Aufregung und Stimulation im Außen besteht. Da die Welt dein Spiegel ist und dir dein Unbewusstes zeigt, liebst du dich selbst, wenn du einen anderen Menschen liebst. Dich mit einem anderen Menschen zu verbinden bedeutet, vollständiger zu werden. Einem anderen Menschen zu helfen bedeutet, dir selbst zu helfen. Einem anderen Menschen zu geben erlaubt dir sowie dem anderen, zu empfangen. Dies ist das Geheimnis, um alle großen Frakturen und Spaltungen in deinem Bewusstsein zu überwinden: Geben und Empfangen sind eins. Es ist die Antwort auf Widerstand, Dualität und Trennung oder besser deren scheinbarem Auftreten, das die Wurzel aller Probleme ist. Im Herzen der großen Illusion der Trennung steht die Überzeugung, dass du Einssein spalten und daher Gott sowie den Himmel teilen könntest.

Gottes Wille ist Einssein. Du kannst das nicht ändern. Du kannst nur träumen, dass du das tun kannst. Während du dich trennst und Illusionen erschaffst, erzeugst du auch Angst, Widerstand und Widerwillen. Dein Leben wächst in Richtung Frieden und Vollständigkeit, während es sich entwickelt, und lässt Widerstand und Trennung hinter sich. Du befindest dich im Fluss, wenn du deinen Widerstand und den Wunsch zur Trennung aufgibst. Jedes Mal, wenn du dich trennst, erzeugst du die drei Rollen von Unabhängigkeit, Abhängigkeit und Aufopferung, die Formen des Widerstands sind. Sie schaffen viele weitere Rollen, und Rollen sind immer in Konkurrenz mit anderen Rollen in uns und versuchen, die Vormachtstellung zu erreichen. Gleichzeitig sind sie unentwirrbar in Leblosigkeit, Fusion und Widerstand miteinander verknüpft.

30

Schuldgefühle retten dich nicht

Schuldgefühle retten dich nicht, ganz gleich, was dir das Ego einzureden versucht. Wenn du dich mit etwas unwohl fühlst, macht das die Situation nicht besser. Es macht sie schlimmer. Schuldgefühle führen zu Gefangensein und zu Schmerzen. Sie geben dir das Gefühl, in der Hölle zu sein. Als Folge davon schlägt das Ego als Ausweg den Tod vor, auch wenn das Ego dasjenige war, das dich in diese Hölle gebracht hat. Das Ego, das Prinzip der Trennung, erzählt dir, dass du dich selbst retten kannst, wenn du dich schuldig fühlst. Aber wenn du dich schuldig fühlst, bestrafst du dich stattdessen. Das rettet dich nicht, sondern es rettet dein Ego, was an den Schuldgefühlen schlemmt und sich durch Angst, Selbstbestrafung und Schmerzen aufbaut. Das Ego benutzt Schuldgefühle, um sich zu trennen und die Trennung dauerhaft zu machen. Das Ego entsteht durch Trennung.

Es erzählt dir, dass du dein positives Selbstkonzept behalten kannst, wenn du dir Schuldgefühle machst. Ganz gleich, was du auch getan hast, kannst du dich immer noch wertschätzen, wenn du dich nur über das schuldig fühlst, was nicht zu deinem Selbstbild passt. Dies spaltet jedoch dein Bewusstsein, so dass du sowohl negative als auch positive Selbstkonzepte hast. Ein gespaltenes Bewusstsein hält dich davon ab, vorwärtszuschreiten. Schuldgefühle dienen als emotionaler Sekundenkleber, der dich ebenfalls davon abhält, dich vorwärtszubewegen. Schuldgefühle und ein gespaltenes Bewusstsein machen es besonders schwierig, vorwärtszukommen, insbesondere deshalb, weil du dich selbst auf dem Weg angreifst. Das Ego will keinen Fortschritt, denn wenn du dich vorwärtsbewegst, lässt du sowohl positive als auch negative Selbstkonzepte los und verringerst die Kontrolle des Egos über deine vertraglichen Dienste.

„... Schuld ist Störung, nicht Erlösung, und erfüllt überhaupt keinerlei nützliche Funktion."
Ein Kurs in Wundern, Textbuch, Kapitel 14, III.1:4

Wenn du Schuldgefühle hast, kannst du gar nicht anders, als dich selbst anzugreifen. Du siehst andere Menschen als schuldig an, weil du auf die Welt durch den Filter deiner Selbstkonzepte, wie der Apostel Paulus es ausdrückte, „wie durch einen Spiegel in einem dunklen Wort" schaust. Dann kannst du andere so sehen, als ob sie Verdammung und Angriff verdienen würden. Schuldgefühle sind wie die „heiße Kartoffel" des alten Kinderspiels. Sie verbrennen dir die Hände, wenn du sie zu lange festhältst, deshalb neigst du dazu, sie anderen zuzuwerfen. Das ist die Natur der Wahrnehmung. Sie entsteht durch deine Projektion dessen, was dir an dir selbst nicht gefällt. Wenn du beginnst, Verantwortung für das zu übernehmen, was du siehst, weil du weißt, dass es das ist, was du über dich selbst glaubst, ist das ein Riesenschritt zu mehr emotionaler Reife.

31

Die dunkle Nacht der Seele und das Annehmen von Emotionen

Wenn du dich in einer dunklen Nacht der Seele befindest und in den schlimmsten Emotionen feststeckst, gibt es verschiedene Methoden, die dir helfen können. Ein wichtiges Heilungsprinzip ist *Akzeptanz*. Wenn du akzeptierst, was du erlebst, steckst du nicht länger darin fest. Die Alternative zu Akzeptanz ist Widerstand und Feststecken. Wenn du etwas akzeptierst, muss es dir nicht gefallen, sondern du erkennst einfach: „Okay, das ist, wie die Dinge sind. Es muss mir nicht gefallen, aber ich kann etwas unternehmen: Ich kann es akzeptieren. Denn wenn ich akzeptiere, wie es jetzt ist, ganz gleich, wie schlecht es ist, darf ich einen Schritt nach vorn machen."

Wenn du zuerst damit anfängst, deine Emotionen zu akzeptieren, besteht manchmal die Möglichkeit, dass sie schlimmer werden. Das ist tatsächlich etwas Gutes, auch wenn es sich nicht so anfühlt. Es bedeutet, dass du entweder jede Menge an Emotionen unterdrückt hast oder dass eine unbewusste, verdrängte Emotion an die Oberfläche kommt. Auch wenn es sich wirklich schlimm anfühlen kann, ist es wirklich gut. Was du in diesem Fall machst, ist einfach zu akzeptieren, was du in jedem Augenblick fühlst. Dann wird sich das, was du fühlst, weiter entfalten. Nach einer Reihe von Augenblicken dieser Akzeptanz deiner Gefühle wirst du anfangen, dich leichter zu fühlen. Du kannst weiter akzeptieren, was du erfährst, bis du einen Zustand ekstatischer Freude erreichst. Der Schlüssel besteht darin, dich an diese Methode zu erinnern, wenn du vor Schmerzen auf die Knie sinkst.

Eine weitere Methode, die funktioniert, wenn du dich auf den Knien befindest, besteht darin, deine Intuition einzusetzen und dich zu fragen: „Wer braucht meine Hilfe?" Stell dir vor, dass du der Person, die dir in den Sinn kommt, durch das schreckliche Gefühl hindurch Liebe und Hilfe schenkst. Dies wird eine Schicht der Schmerzen entfernen oder sogar sofort zu einer ganz neuen Ebene führen. Sobald die nächste Schicht der schlechten Gefühle hochkommt, fragst du dich erneut: „Wer braucht meine Hilfe?" Und erneut gibst du dich wieder durch deinen Schmerz. Wiederhole diese Übung, bis du tiefen Frieden spürst. Auch wenn eine bestimmte Wunde dämonische und toxische Elemente haben mag, wird es jedes Mal, wenn du dich einem anderen Menschen durch die Emotion gibst, diesen dunklen Einfluss reduzieren, bis er schwach genug ist, um von dir abzufallen.

Es gibt eine dritte Methode, die darin besteht, Worte der Macht anzuwenden. Hier ist einer meiner Lieblingssätze aus *Ein Kurs in Wundern*: „Es muss einen besseren Weg geben." Jedes Mal, wenn du diese Worte mit fester Heilungsabsicht aussprichst, entfernt dies eine Schicht des Problems oder eine Schicht der Emotionen. Denke daran: Wenn es innerhalb von sieben Versuchen keine Änderung gibt, dann hältst du dich heimlich für einen bestimmten Gewinn an der Emotion oder Situation fest. Worte der Macht können auch alle astralen Einflüsse schwächen, bis sie schwach genug geworden sind, um von dir abzufallen. Und wenn sich die Situation schlimmer anfühlt, hast du höchstwahrscheinlich das Unbewusste erschlossen. Wiederhole einfach die Worte mit fester Absicht, bis du tiefen Frieden fühlst.

Der letzte Aspekt, den ich vorschlagen möchte, besteht darin, auf jedem Schritt des Weges den Himmel um Hilfe zu bitten. Schau dir jedes Mal, wenn du um Hilfe bittest, an, wie es sich anfühlt, bis du tiefe Freude erreicht hast. Du könntest außerdem weitere meiner Lieblingsworte der Macht verwenden, wie: „Ich lege die Zukunft in Gottes Hand" (*Ein Kurs in Wundern*, Übungsbuch, Teil I, Lektion 194). Dies hilft der Zukunft, bereinigt die Vergangenheit und bringt dich in die glückliche Gegenwart zurück. Wenn du dich daran erinnerst, wer mit dir geht, wirst du niemals lange in äußersten Schmerzen und schlimmster Dunkelheit bleiben.

32

Wut entsteht aus einer Überzeugung, dass jemand gesündigt hat

Machen wir uns noch einmal bewusst: Wut ist eine Überzeugung, dass jemand gesündigt hat – und unsere Wut ist ein *selbstgerechter* Versuch, ihn wieder auf *„den Pfad der Tugend"* zurückzubringen. Wut ist ein Versuch der Schikane und der Kontrolle. Unsere Wut dreht sich in Wirklichkeit mehr darum, dass der andere Mensch unsere *Regeln* bricht und die Rolle nicht einhält, die wir ihm zugewiesen haben. Auf einer viel tieferen Ebene jedoch folgt er einer anderen Rolle als die, die wir ihm zugewiesen haben. Diese Rolle hat dafür gesorgt, dass er genau das getan hat, was er tat. Wie er sich verhalten hat, ist eine Projektion verborgener Überzeugungen in uns, die wir als *sündhaft* verurteilt haben. Unsere Wut ist ein Versuch, die Überzeugungen, bei denen wir uns selbst wie ein Sünder fühlen (was wir nicht wollen), einem anderen Menschen in die Schuhe zu schieben. Also projizieren wir sie auf eine andere Person und werden wütend, um uns von diesem Verhalten zu distanzieren. Wir versuchen, durch unsere Reaktion zu zeigen, dass wir uns niemals so verhalten würden. Unsere Wut ist eine Kompensation.

Wenn wir uns selbst befreien und den Himmel auf Erden erreichen möchten, bedeutet das, uns nur darauf zu konzentrieren, Sündenlosigkeit in anderen und uns selbst zu sehen. Verpflichte dich immer wieder dazu, und wenn du einen Fehler machst und wütend wirst, Angriff, Rückzug oder passive Aggression einsetzt, dann korrigiere den Fehler und verpflichte dich erneut der Sündenlosigkeit und dem Himmel auf Erden.

33

Bedürfnisse als Problem

Das Problem bei einem Bedürfnis liegt darin, dass es durch eine Trennung entstanden ist, die wir gemacht und unter der wir gelitten haben. Dies hat unser Bewusstsein gespalten. Wir fühlen uns zum Opfer gemacht. Das Unbewusste zeigt jedoch, dass es unsere Entscheidung war, uns zu trennen. Wir haben die Situation, genauso wie sie war, erschaffen, um unabhängig zu werden, recht zu haben und andere Gewinne zu erzielen. In einer Opfersituation benutzen wir die Situation, um zu versuchen, etwas zu kaufen, was wir haben wollten, oder wir benutzen die Situation als eine Ausrede. Oder wir benutzen die Situation, um etwas zu tun, was wir tatsächlich sowieso tun wollten – oder um etwas *nicht* zu tun, was wir sowieso nicht tun wollten.

Das Problem mit Bedürfnissen ist unser gespaltenes Bewusstsein. Wir wollen, dass unsere Bedürfnisse befriedigt werden, und gleichzeitig wollen wir nicht, dass sie erfüllt werden. Wir wollten unser Ziel erreichen und erfüllt sein, aber wir wollten unsere Unabhängigkeit als Folge der Verbundenheit nicht verlieren. Wir können uns dazu entscheiden, unabhängig zu bleiben und unsere Bedürfnisse nicht erfüllt zu bekommen, oder wir können die Unabhängigkeit loslassen und empfangen. Dies würde sowohl Verbundenheit als auch Freiheit bringen und die Dissoziation der Rolle der Unabhängigkeit heilen.

Das dringende Bedürfnis blockiert das Empfangen. Wenn du etwas unbedingt haben musst, weist du es im Geheimen durch dein Anhaften und deine Dringlichkeit von dir. Wenn du deine Wünsche loslässt, kannst du so viel haben, wie du willst, weil es dann „keine große Sache“ ist. Das Ego schlägt vor, dass du versuchst, dir zu nehmen, was du brauchst, und die Bedürfnisse und Wünsche anderer, ihre Gefühle und Rechte zu ignorieren. Dies führt natürlicherweise dazu, dass du in alle möglichen Schwierigkeiten gerätst. Alle deine Schmerzen und dein Herzensbruch sind aus der Egostrategie entstanden, dass du versucht hast, etwas zu bekommen oder zu nehmen. Das Höhere Selbst schlägt Geben als den Weg zum Empfangen vor, da Geben und Empfangen spirituell das Gleiche sind – ausgenommen nach Einschätzung des Egos.

Bedürfnisse werden leicht gelöst, indem du gibst, was du brauchst, den nächsten Schritt machst, dich verbindest und das, was du brauchst, von anderen oder vom Himmel empfängst. Andere Wege der Heilung haben mit dem Loslassen von Schmerzen, Groll oder Selbstkonzepten zu tun, die deine Fähigkeit zum Empfangen blockieren. Vergebung heilt deine Bedürfnisse, sowie Liebe und Akzeptanz. Aber wenn du Angst vor Liebe hast oder die Situation, in der du Bedürfnisse hast, nicht so akzeptieren möchtest, wie sie ist, bleibst du im Mangel stecken, so wie er ist. Lass deinen Gewinn dafür los, nicht zu empfangen, und erlaube dir das Glücklichsein des Empfangens. Deine Bedürfnisse können erfüllt werden, indem du gibst, was du brauchst. Denn in dir ist das Geschenk von genau der Sache begraben, nach der du gesucht hast. Dein Ego versucht immer, dich von deinem Bedürfnis zu überzeugen, während du tatsächlich derjenige mit dem Geschenk bist.

Dein Bedürfnis entstand in einer Situation der Trennung, in der du dich von dem Geschenk in deinem Wunsch, dich zu verstecken, abgewendet hast. Du kannst dieses Geschenk öffnen – es ist immer noch in dir. Du kannst es dem Himmel anbieten, um es segnen und reinigen und durch Gnade und Wunder *übergroß* machen zu lassen. Gib es den Personen in der Vergangenheit, die es benötigt haben, sowie denjenigen in der Gegenwart, von denen du es zu bekommen versuchst.

34

Was Groll verbirgt

Groll überdeckt und verbirgt jede Menge von dem, was sich im Unterbewusstsein und sogar im Unbewussten befindet. Wir benutzen Groll hauptsächlich dazu, unsere Schuld zu verbergen und unser Ego zu schützen. Wir glauben, dass es uns von Schuldgefühlen befreien wird, wenn wir angreifen. Aber Angriff verstärkt die Schuldgefühle und daher auch den Selbstangriff. Unser Groll verbirgt unsere Angst. Wir müssen keinen Schritt vorwärtsmachen, weil wir einem anderen Menschen dafür die Schuld gegeben haben, dass wir uns nicht vorwärtsbewegen. Groll verbirgt unsere Verantwortung dafür, dass wir uns hätten zeigen, Geschenke in uns öffnen und die Geschenke des Himmels empfangen können, die alle die Situation gerettet hätten. Unter unserem Groll verborgen liegen Geschenke, die immer noch auf uns warten. Gottes Plan für die Erlösung besteht darin, dass jeder seinen Groll aufgibt. Das bringt uns alle einander näher, verbindet uns in Liebe und eröffnet Fülle und Glücklichsein, während Illusionen und Schuldgefühle wegfallen. Wir verbergen unsere Lebensaufgabe mit unserem Groll, als ob uns das eine Ausrede geben würde, unser Versprechen nicht zu halten. Unsere Lebensaufgabe ist eines der Dinge, die uns heilen und uns am glücklichsten machen würden. Das wäre auch das, was wir zur Welt beitragen könnten.

Groll verstellt einen besseren Weg. Er verhindert die Wunder, die Gottes Weg sind, unsere Situation besser zu machen. Groll verbirgt unsere Liebenswürdigkeit und die anderer Menschen. Groll verbirgt die Wahrheit. Wenn die Wahrheit angenommen wird, fallen Illusionen weg. Das zeigt uns die Richtung und einen besseren Weg. Wahrheit bringt ursprüngliche Unschuld anstatt der Schuldgefühle und der Anschuldigungen, mit denen wir die Drehbücher für unser Leben geschrieben haben. Groll verbirgt die „wirkliche Welt“, die perfekte Welt des

Himmels auf Erden, die nicht mit Groll betreten werden kann. Denn sie ist eine Welt der Liebe, und Groll verbirgt Liebe.

Groll versteckt den Teufelskreis aus Schmerzen, Idolen und der Egoidentität, die er aufrechterhält. Groll hält Schmerzen lebendig. Er dissoziiert sie vielleicht, aber sie dienen immer noch als Beweis dafür, andere für ihre Fehler anschuldigen zu können. Groll verbirgt Idole, die wir zu bekommen und zu besitzen versucht haben. Idole sind Dinge außerhalb von uns, von denen wir geglaubt haben, dass sie uns sicher und glücklich machen würden. Das ist ein Idol, ein falscher Gott, der dafür sorgt, dass wir uns in unserer Desillusionierung und Enttäuschung dem Tod zuwenden. Groll verbirgt, dass wir wollen, dass die Welt den Drehbüchern folgt, die wir zugewiesen haben. Und wenn sie das nicht tut, greifen wir an. Groll versteckt, dass wir die Situation benutzen, um unser Ego aufzubauen. Groll verbirgt den Wunsch des Egos, zu Gott zu werden, wie es in *Ein Kurs in Wundern* heißt.

Das Ego will Gott sein und alle verdammen, die es nicht *seinen* Gesetzen entsprechend richtig machen. Groll versteckt, dass es seine Absicht ist, die Trennung zu benutzen, denn das baut das Ego auf und erzeugt Streitigkeiten und Konflikte, wodurch das Ego sich selbst stärkt. Unser Groll verbirgt die Führung und die Inspiration, die immer für uns verfügbar sind. Werde dir heute deines Grolls bewusst und deines Wunsches, dich zu trennen, um eine Welt zu haben, die dir allein gehört, eine Welt, die Gott und Einssein nicht betreten können.

35

Die unbewusste Ebene der Angst

Die unbewusste, verborgene Ebene der Angst besteht darin, dass sie mit dem Gefühl von Verlust, Verlassenwerden und Bedürftigkeit oder sogar mit Gefühlen der Unzulänglichkeit und Schuld verknüpft ist. Sie ist außerdem mit Widerwillen und Widerstand verbunden. Dieser Teil von uns widersetzt sich dem Vorwärtsschreiten, weil wir befürchten, dass die Zukunft so schlecht wie die Vergangenheit sein wird. Wir glauben, dass wir unzulänglich sind und uns ihr deshalb nicht stellen können und dass wir, wenn wir vorwärtsgehen, unsere Bedürfnisse niemals erfüllt bekommen werden. Daher hat jedes schmerzliche Ereignis, das wir erlitten haben, einen Widerstand gegen das Vorwärtsgehen in unserem Leben erzeugt. Das ist genau das, was das Ego will, da es versucht, den jetzigen Zustand zu erhalten. Es hat eine Identität geschaffen. Sich auf dem Weg der Wahrheit vorwärtszubewegen, bedroht diese Identität, denn es vereinheitlicht unser Bewusstsein auf einer neuen Ebene und verbindet uns außerdem mit anderen auf einer neuen und tiefen Ebene. Wenn wir uns vorwärtsbewegen, verlieren wir sowohl eine Schicht des Egos als auch einen Schleier der Illusion, was genau das ist, was das Ego nicht will.

Es gibt bestimmte Seinsprinzipien, die unseren Widerstand heilen, wie unsere Bereitwilligkeit und das Tun des nächsten Schrittes. Beide führen zu einem besseren Weg, auch wenn die Lektionen und der Widerstand bestehen bleiben werden, bis wir unser Selbst von dem Selbst, das wir geschaffen haben, zurückgewonnen haben. Wir bewegen uns von Kontraktion zu Expansion, wobei die Versuchung, uns zu verstecken und in Kleinheit zu investieren, immer präsent ist. Das Ego wirft uns alte Fehler und Wunden an den Kopf, bis sie korrigiert werden. Diese Fehler sind jetzt mit unseren Glaubenssätzen verknüpft.

Alle Überzeugungen sind Glaubenssätze über uns selbst und unsere Identität. Auch wenn wir dunkle und schmerzhafte Überzeugungen aus unseren Fehlern geschaffen haben – und sie sind *unsere* Fehler, trotz der Geschichte, die wir darüber erzählen, was uns andere Menschen angetan haben – ist es das Schwierigste, unsere eigene, selbstgeschaffene Identität und die Dissoziation, die damit einhergeht, loszulassen.

Auf der tiefsten Ebene unseres Unbewussten spiegelt unser Festhalten an unserem Ego und daran, wer wir zu sein glauben, unseren Kampf mit Gott darum, wer wir wirklich sind. Wir glauben, uns selbst geschaffen zu haben, und benutzen das, um zu verbergen, wie wir als Liebe, Geist und Licht in Gottes Ebenbild erschaffen wurden. Jeder Schritt vorwärts ist ein Schritt zurück zu dieser Erkenntnis, dass wir so sind, wie Gott uns geschaffen hat. Während wir heilen, bewegen wir uns Schritt für Schritt vorwärts.

Wenn wir über die unabhängige Ebene hinaus zur Ebene der gegenseitigen Abhängigkeit und darüber hinaus bis zur letzten Ebene der radikalen Abhängigkeit von Gott gelangt sind, erreichen wir hier zum ersten Mal die Einheitsphase, die Erkenntnis, dass wir alle in einem Gewebe miteinander verknüpft sind. Hier gehen wir mit unseren chronischen Problemen um, die unseren chronischen Widerstand, unsere schlechte Einstellung und unsere Negativität verbergen, die normalerweise sehr verdrängt ist und für die wir kompensieren. Hier haben wir einen Teufelskreis aus Idolen, Schmerzen, Groll und unserer Identität, die auf dem Schmerz, dem Groll und dem Urteil aufgebaut ist, das aus dem Schmerz entstanden ist. Dies ist alter Schmerz – das Resultat davon, was wir außerhalb von uns zu bekommen versuchen.

Viele Male bezeichnen wir diese Idole als unsere Träume, aber es sind einfach Mechanismen des Bekommens, die zu Schmerz, Groll und Egotrennung führen. Dies ist unser allerletzter verzweifelter Versuch in unserem Kampf mit Gott, der sich darum dreht, wer Gott sein darf und wer unser Leben bestimmen darf. Wir fügen uns selbst Verletzungen zu, damit Gott als ein „schlechter Gott" dasteht. Wir dürfen als ein Ergebnis so tun, als ob wir Gott wären, aber wir bezahlen dafür mit chronischen Schmerzen. Tiefer in dieser Einheitsphase finden wir den Ort, an dem wir als Geist einen Körper angenommen haben, um den Glauben an die Trennung zu verstärken. Das ist der Ort, an dem wir konträr und rebellisch geworden sind, sehr zum Verdruss des positiven Selbstbildes, das wir von uns aufrechterhalten und wofür wir als Folge einen schrecklichen Preis bezahlt haben. Das erzeugt einen großen Konflikt, der zu Angst führt und dazu, dass wir für den negativen Aspekt kompensieren, um immer noch positiv zu erscheinen.

Die Entscheidung, vorwärtszugehen, die Verpflichtung, uns auf die nächste Ebene zu begeben, Vertrauen, sogar die Bereitschaft, willens zu sein, bringen uns vorwärts auf einen besseren Weg. Hör niemals damit auf. Entwickle dich weiter und erhebe dich. Die Verpflichtung zur Verbundenheit mit einem anderen Menschen auf einer vollkommen *neuen* Ebene hat die gleiche Wirkung. Entscheide dich für das Licht. Wolle das Licht von ganzem Herzen, wenn es Dunkelheit in deinem Leben gibt. Entscheide dich dazu, diese Worte mit fester Heilungsabsicht aus *Ein Kurs in Wundern* zu deklarieren: „Es muss einen besseren Weg geben." Diese Worte können Schicht für Schicht der Illusion auflösen und dich vorwärtsbringen.

Eine Wurzel aller Probleme ist Angst. Deshalb besteht auch ein verborgener oder nicht so verborgener Widerstand dagegen, vorwärtszugehen. Wir möchten, dass die Dinge besser werden, aber wir wollen die verborgene Autonomie nicht verlieren, die wir aufgebaut haben. Dies ist die zentrale Dynamik unter allen Problemen, Schmerzen, unter aller Krankheit, Abhängigkeit, Aufopferung und allen Arten von Kompensationen. Wir glauben, dass wir gute, nette, liebe Menschen sind, aber tief in uns haben wir so viel Hass und Selbsthass angesammelt. Dies kann nicht wirklich *wahr* sein – aber wenn es nicht untersucht wird, hat es einen zerstörerischen Einfluss auf uns. Unter der schlechten Einstellung auf dieser Ebene des Unbewussten befindet sich unsere Angst vor der Veränderung und unsere Angst, uns Gott als Gott hinzugeben.

Einige religiösen und spirituellen Menschen sind von dieser Ebene des Kampfes mit Gott entsetzt, wenn sie darauf stoßen. Wärst du bereit, diesen Bereich zu finden, wenn es ihn tatsächlich in dir gibt? Wärst du bereit, eine neue Entscheidung darüber zu treffen, in was du investieren willst? Würdest du dich dem Licht verpflichten? Wärst du bereit, mit deiner Entscheidung der ganzen Welt zu helfen? Auf dieser Ebene des Einheitsbewusstseins ist es einfacher, die angebotenen Wunder wahrzunehmen und zu wissen, dass du kraftvolle Seelengeschenke hast, die darauf warten, für dich und für andere geröffnet zu werden. Während du von hier aus vorwärtsspringst, hilfst du mit deiner Bewegung der ganzen Welt. Gib deine Idole, deine Egoidentität, deinen Schmerz und deinen Groll auf, denn sie sind alle miteinander verknüpft. Erlaube dir, die Geschichten vom schönen und goldenen Leben zu haben, die dir von Gott Selbst angeboten werden.

36

Versuchung

Versuchung entsteht immer durch das Ego. Es ist eine Ablenkung, die das Ego benutzt, um uns entweder im jetzigen Zustand festzuhalten, oder, was für das Ego noch besser ist, uns an Boden verlieren zu lassen. Das Ego setzt Versuchung gezielt ein, um die Idee zu stärken, dass wir ein Körper sind – ein Ego. Es unterstützt die Idee, dass es etwas außerhalb von uns gibt, was uns vollständig und glücklich machen würde. Ganz gleich, ob es sich um das zweite Stück Kuchen oder den Anfang einer Affäre handelt, der Vorschlag des Egos ist ein Versuch, unser Bewusstsein zu spalten und uns abzulenken. Das Ego will eine Gelegenheit auflösen, die uns angeboten wird und bei der wir eine neue Ebene mit unserem Partner und uns selbst erreichen können. Wenn uns das Ego zum Beispiel zu einer Affäre außerhalb unserer Beziehung verlocken will, benutzt es etwas, was in unserer Beziehung fehlt, um uns in Versuchung zu führen. Wir können uns jedoch dazu entscheiden, unsere Energie fokussiert zu halten, anstatt sie aufzuteilen. Wir können diese Energie erneut unserem Partner schenken. Wir können die Beziehung mit unserem Partner jetzt auf eine neue Ebene bringen. Das unterstützt und fördert unseren Partner, so dass er genau die Eigenschaft entwickelt, von der wir außerhalb unserer Beziehung angezogen worden sind. Dadurch entfaltet sich unsere eigene Beziehung zu neuen Höhen.

Eine Versuchung ist eine Zwangsvorstellung. Wenn die Versuchung so stark ist, dass sie beinahe alles andere in deinem Bewusstsein übertönt, besteht das Gegenmittel darin, den Namen Gottes langsam im Geist zu wiederholen. Dies neutralisiert die Dringlichkeit und erinnert dich erneut daran, dass es eine Wirklichkeit gibt – Gott – und dass wir in Wirklichkeit von Gott und unserer eigenen Ganzheit genährt und zufrieden gestellt werden, und nicht von etwas außerhalb von uns. Den Namen Gottes zu wiederholen erlaubt, dass das Bewusstsein der Göttlichen

Liebe in die Spaltungen gelangen kann, welche das Bedürfnis verursachen. Je mehr wir den Namen Gottes wiederholen, umso mehr Spaltungen werden geheilt und umso mehr Licht und Freude gelangen in unser Bewusstsein.

Gott ist unsere eine Wirklichkeit, die Wirklichkeit, die der phänomenalen Welt zugrunde liegt. Je mehr wir Gottes Namen wiederholen, umso mehr hilft uns das, uns daran zu erinnern, dass die Liebe uns hinter der Illusion der Welt dazu aufruft, uns an unser Selbst zu erinnern. Versuchung ist ein Aufschub, der besagt, dass das, was außerhalb von uns ist, uns zufriedenstellen wird. Sei dir bewusst, dass das Auftreten einer Versuchung bedeutet, dass eine neue Ebene der Intimität und Erfüllung kurz davorsteht, sich in deiner Beziehung zu entfalten, wenn du dies zulässt, indem du dich mit deiner Energie engagiert der Beziehung verpflichtest.

37

Emotionen können dir eine Ausrede verschaffen

Wenn wir eine Emotion haben, halten wir sie für wirklich und wahr, anstatt sie als eine Reaktion und eine Illusion zu erkennen. Mit einer Emotion fühlen wir uns selbstgerecht und wissen, dass das, was wir sehen und erleben, die Wahrheit sein muss. Wir haben nur wenige Zweifel daran. Sogar wenn uns die Heilungsprinzipien hinsichtlich von Emotionen bekannt sind, verlieren wir uns anfänglich leicht in der Heftigkeit der Emotion. Wir sind nicht glücklich. Jemand hat unsere Regeln verletzt. Jemand hat eine Sünde begangen, und unsere Emotion zeigt, dass das wahr sein muss. Und weil wir glauben, dass der andere Mensch uns dieses Gefühl *verursacht hat*, haben wir eine Ausrede. Manchmal besteht diese Ausrede darin, zu tun, was wir wollen, oder uns zu trennen und zu verstecken. Oder die Ausrede dient dazu, dass wir unabhängig allein losziehen oder unseren Kopf durchsetzen können. Oder die Ausrede wird dafür benutzt, dass wir das Sagen haben, weil wir jetzt glauben, dass wir einen anderen Menschen oder die Situation kontrollieren können. Wir glauben, dass wir ein „Recht" auf unsere Reaktion haben, weil uns jemand anderes ein schlechtes Gefühl gegeben hat.

Wenn wir eine Emotion haben, dient uns das in einer bestimmten Weise. Wir fühlen uns jetzt gerechtfertigt, zu tun, was auch immer wir tun wollen, und das ist natürlich genau das, was wir schon tun wollten, bevor die Emotion aufgetreten ist. Aber wie vorher wollten wir uns das nicht erlauben oder manchmal nicht einmal etwas davon wissen. Wir haben eine Ausrede und eine Rechtfertigung gebraucht.

Sieh dir einige deiner großen Herzensbrüche und Schmerzen an, die in deinem Leben passiert sind. Wofür hat die Emotion als Ausrede gedient? Was hat dein

Schmerz für dich gerechtfertigt? Ist das Ergebnis wahr? Ist es das, was du willst? Du kannst dich neu entscheiden und alle unerwünschten Emotionen und kontraproduktiven Muster loslassen, die als Folge deiner Emotionen und Ausreden entstehen.

38

Geschlagen sein

Wir können durch Missbrauch, Arbeit oder Spiel geschlagen sein. Geschlagensein ist eine Form der Selbstbestrafung, der Aufopferung und des Märtyrertums. Es kann die Form eines körperlichen, sexuellen, emotionalen oder geistigen Missbrauchs annehmen. Es kann durch eine sehr schwere und andauernde Arbeitslast entstehen. Es kann aus einer äußerst schwierigen oder konfliktbehafteten Situation entstehen. Es kann beginnen, wenn wir unter Angriffen zusammenkauern. Es kann durch ausschweifendes Feiern verursacht werden. Es kann durch Sportarten wie American Football, Fußball, Lacrosse, Basketball, Rugby oder Eishockey entstehen. Wie ein alter Witz besagt: „Es ist so lange Spaß und Spiel, bis jemand einen Zahn verliert. Dann ist es Eishockey." Es kann durch einen zu anstrengenden Arbeits-, Trainings- oder Reiseplan entstehen. Es kann durch Streit in einer Beziehung oder Zwiespalt in einer Familie verursacht werden. Du kannst durch Unfälle, einen Sturz oder dadurch geschlagen sein, dass du als Baby fallen gelassen wurdest. Es kann für eine Gewichtszunahme in deinem Leben verantwortlich sein, während du versuchst, dich gegen die „Schläge" zu polstern. Sogar dann, wenn es nur als eine Erinnerung übrig bleibt, ist es dennoch eine ungeheilte Erinnerung, und beeinträchtigt dich daher immer noch. Und schließlich kannst du von deinen Gedanken und Emotionen geschlagen werden. Muster des Geschlagenseins, insbesondere körperlicher Art im Sport oder körperlicher und sexueller Art in Beziehungen, weisen auf verdrängte Schuldgefühle sowie Muster der Wertlosigkeit hin. Diese werden zu Mustern der Geringschätzung, die wir für uns und daher auch für andere übrig haben. Diese Muster verstärken unsere Wertlosigkeit. Sie können leicht zu Teufelskreisen werden, die eine Abwärtsspirale bezüglich von Gesundheit, Beziehungen, Karriere und Leben einleiten.

Es gibt viele Wege, um solche Erfahrungen zu heilen. Frage dich zuerst, wie viel Prozent an Geschlagensein du in deinem Innern hast. Welche Arten von Geschlagensein trägst du in dir? Frage dich, wie jede dieser Kategorien dich in deinem Leben beeinflusst. Frage dich, wozu du dieses Geschlagensein benutzt. Welche Ausrede gibt es dir, geschlagen zu sein? Was ist sein Zweck? Was beweist es? Wie dient es dir?

Es gibt zwei Worte der Macht aus *Ein Kurs in Wundern*, die du wirksam dazu einsetzen kannst, Schichten dieses alten Geschlagenseins zu entfernen, die du immer noch in dir trägst. Zuerst fragst du dich: „Was will ich?" Wiederhole dies immer wieder, und beobachte dabei, wie sich der Prozentsatz des Geschlagenseins senkt, während du die Frage beantwortest. Du kannst diese gleichen Methoden auf Traumata anwenden und beobachten, wie sich das Ereignis sowohl gefühlsmäßig als auch in der Wahrnehmung zu ändern beginnt, bis nur noch Verbundenheit übrig bleibt. Du kannst diese Übung machen, bis nur noch Licht und Liebe zurückbleiben.

Die zweiten Worte der Macht aus *Ein Kurs in Wundern* werden hier etwas anders formuliert: „Dies ist nicht der Wille Gottes für mich, noch ist es mein wahrer Wille." Du sprichst diese Worte angesichts der alten Schmerzen oder der Mechanismen des Geschlagenseins aus, bis der Schmerz zu Licht geworden ist, das von Freude erfüllt ist. In der abschließenden Übung mit entweder dem Trauma oder diesen Mustern stellst du dir einfach vor, dass du in Gottes Händen ruhst, bis alles Geschlagensein und sein Einfluss auf dein Leben hinweggeschmolzen sind, und nur Frieden zurückbleibt. Du musst keine Geisel der Vergangenheit sein. Du kannst ihre dunklen Einflüsse hinwegschmelzen, sodass dich jetzt nur noch Segenswünsche und gute Erinnerungen beeinflussen.

39

Wenn Verluste auftreten

Wenn Verluste auftreten, was im Leben unvermeidlich ist, kannst du tiefes Leiden erleben. „Das muss nicht sein", wie *Ein Kurs in Wundern* erklärt (Textbuch, Kapitel 4, IV). Es gibt eine andere Alternative: loslassen. Was Traurigkeit war, wird zu Eindringlichkeit, Sanftheit und Dankbarkeit. Unser Verlust zeigt uns, wo wir festhalten. Wir haben versucht, etwas außerhalb von uns zu benutzen, um uns zu nähren. Das funktioniert nur eine Zeit lang. Dann werden wir uns traurig fühlen und einen Verlust spüren, der zur Depression werden kann. Und damit können wir unser ganzes Leben zum Entgleisen bringen. Unsere Traurigkeit kann zu einem Wutanfall werden und uns eine Ausrede liefern, um im Leben aufzugeben.

Wir entdecken allmählich, dass unsere Quelle nicht außerhalb von uns, sondern in unserem Innern ist. Es ist am besten, wenn wir unsere Verluste ehren, indem wir sie loslassen, anstatt in emotionaler Ausschweifung stecken zu bleiben und uns vom Leben zu entfernen. Wir ehren die Person, die Phase, den Ort oder den Gegenstand, indem wir erkennen, dass dieses Geschenk, auch wenn die Person oder Situation zu den besten Geschenken unseres Lebens gehört hat, zu den besten Dingen wird, die wir nur geben können, wenn wir es dem Himmel und dem Leben zurückgeben. Auf diese Weise benutzen wir das, was wir verloren haben, nicht als eine Ausrede für den Rest unseres Lebens. Wir haben praktisch nur die Wahl, entweder loszulassen oder festzuhalten. Loslassen ist die Wahrheit, da sie unsere Reise zurück zu unserer Quelle fortsetzt. Die Entscheidung zum Loslassen bedeutet zu lernen, dass eine weitere Person oder eine Sache uns nicht erhalten kann und daher nicht unsere Wahrheit war.

Wenn wir loslassen, kommt anstelle dessen, was wir losgelassen haben, immer etwas Besseres. Dies ist nicht der Ersatz des Egos, das in dem Versuch, sich aufzurüsten, etwas wegwirft. Diese Strategie dissoziiert uns und führt uns in die falsche Richtung. Je mehr wir uns jedoch auf unsere Quelle zubewegen, und zwar unsere innere Quelle, anstatt unser Glücklichsein im Außen zu suchen, wo es verloren gehen kann, umso glücklicher fühlen wir uns im Allgemeinen. Je mehr Anhaften besteht, umso mehr haben wir etwas oder jemanden zu einem Idol gemacht, anstatt uns mit der Sache oder der Person zu verbinden. Wenn wir verbunden sind und ein Verlust geschieht, dann erfolgt automatisch Loslassen und Freigeben, während das, was wahr ist, bleibt. Anhaften dagegen sorgt für Leiden. Verbundenheit wird nicht verloren, sondern nur transformiert. Verbundenheit lenkt uns nicht von unserer Reise zu unserer Quelle ab, der Heimat der Liebe und des Glücklichseins. Loslassen ist das Gegenteil von Leiden und Festhalten. Unser Loslassen bringt uns an einen besseren, reiferen Ort, an dem wir mehr auf andere eingehen können.

Untersuche heute, an wem und an was du festhältst, und gib sie dem Himmel als bestes Geschenk zurück, dass du geben könntest. Dies hilft dir, dein Anhaften in Verbundenheit zu verwandeln. Je mehr du deine Anhaftungen aufgibst, umso mehr entwickeln sie sich zu Verbundenheit. Dann setzt du die Anhaftung nicht dazu ein, um dich in dem Versuch festzuhalten, deine Bedürfnisse erfüllt zu bekommen. Durch Verbundenheit machst du die Beziehung sicher, da Anhaftungen sprichwörtlich darum betteln, verloren zu werden.

Wähle heute das Loslassen als den einzigen Weg nach vorn. Gehe zurück und lasse die Menschen los, die gestorben sind. Lass den Ort los, den du bei der Geburt von Geschwistern verloren zu haben schienst. Lass alte Partner los, und lass die Phasen in deinem Leben los, in denen du glücklich warst, sowie die Zeiten, in denen du glücklich und erfolgreich warst. Loslassen bringt die gesamte glückliche, liebevolle, erfolgreiche Energie in deine Gegenwart zurück.

40

Du kannst nicht verlieren

Du kannst das, was du loslässt, nicht verlieren. Nichts, was du loslässt, kann dir verloren gehen. Dies ist natürlich ein Paradox, aber schließlich ist Loslassen als ein Heilungsprinzip ein Paradox. Der Buddha erklärte, dass aller Schmerz aus Anhaftung entsteht, was psychologisch ebenso wie spirituell wahr ist. Wenn du endlich losgelassen hast, wirst du nicht das Gefühl haben, etwas verloren zu haben. Die Wunde ist verschwunden. Du bist darüber hinweg. Du hältst nicht länger fest und kämpfst nicht mehr gegen die Wirklichkeit. Loslassen enthält Akzeptanz, und du steckst nicht länger fest und widersetzt dich nicht mehr dem, was passiert ist. Auf der tiefsten Ebene des Unterbewusstseins war es eine Entscheidung, die wir vor uns selbst versteckt haben: nämlich die Entscheidung, die wir getroffen haben, dies alles geschehen zu lassen.

Verlust ist die ursprünglichste Emotion des Schmerzes. Er ist immer mit Angst, der tiefsten und grundlegendsten aller Emotionen verbunden. Die Wurzel der Angst ist dann eine Angst vor Verlust. Dies wird jedoch zu einem Teufelskreis, da unsere Angst vor Verlust eine Anziehung für Verlust erzeugt. Wir werden von dem angezogen, wovor wir Angst haben, wie uns das Unterbewusstsein zeigt. Für das Ego ist diese Anziehung für Verlust eine Anziehung für Schmerz und Trennung, was das Ego stärkt. Unser höheres Bewusstsein dagegen hofft, dass wir loslassen und die Lektion lernen: dass das, was uns erhält, von innen kommt. Wie schon Jesus gesagt hat: „Das Reich Gottes ist mitten unter euch“ oder „Das Reich Gottes ist inwendig in euch“.

Unser Ego-Gebäude entsteht durch Verlust. Wir haben Verbundenheit gegen Unabhängigkeit und Dominieren ausgetauscht, und es hat Schmerzen und Verlust verursacht, das zu erreichen. Unabhängigkeit enthält sowohl Dissoziation als auch Traurigkeit, und dies führt zu mehr Verlust. Wo es Verlust gibt, macht

Loslassen stattdessen Eindringlichkeit daraus. Wenn du nicht anhaftest, gibt es keine verborgene Anziehung für Verlust. Du weißt, dass dein Glücklichsein aus dir entsteht.

Ich habe vor einigen Tagen mit einer Klientin gearbeitet. Sie ist siebzig Jahre alt und befand sich in einer Depression. Sie hatte das Gefühl, die Dinge würden einfach immer schlechter werden. Die Wurzel davon war ein Verlust, den sie im Alter von zwei Jahren erlitten hatte, als ihre Schwester geboren wurde. Ihre ganze Welt wurde erschüttert, da sie sich verlassen und durch ihre kleine Schwester ersetzt fühlte. Während sie den alten Verlust, der das Muster im Alter von zwei Jahren begründet hatte, sowie einen weiteren Verlust im zweiten Monat im Mutterleib auflöste, verging ihre Depression und sie spürte neue Hoffnung. Die alten Verluste warten in uns wie Zeitbomben, und alles kann diese Verluste auslösen, sodass sie entweder zu Hindernissen oder Verlusten in der Gegenwart werden. Es ist wichtig, sich daran zu erinnern, dass alle Verluste alte Verluste sind und dass während jedes Verlusts alle alten Verluste aus der Vergangenheit an die Oberfläche kommen, um losgelassen zu werden. Dies intensiviert also die Erfahrung, die wir jetzt durchleben.

Sei dir dann deines Schmerzes bewusst. Er hängt mit einer Wurzel des Verlusts aus der Vergangenheit zusammen. Du kannst dein Bewusstsein und Loslassen einsetzen, um Schmerz, Groll, Idole und eine Schicht des Egos zu entfernen. Benutze die Verluste in der Gegenwart sowie alle Verstimmungen oder Schmerzen, um die Wurzel des Problems zu finden.

Sobald du die gegenwärtige Verstimmung identifiziert hast, fragst du dich, wie alt du warst, als die Wurzel dieses Problems begonnen hat. Gehe zu diesem Ort zurück und rufe Liebe, Göttliche Liebe und Göttliche Gegenwart herbei. Gib die dunkle Lektion des Egos auf und heiße deine wahre Seelenlektion willkommen. Anstatt das Ereignis zu benutzen, um dich zu trennen und eine Identität aufzubauen, benutzt du es zur Heilung. Wenn der Schmerz im Alter von zwölf Jahren aufgetreten ist, dann gab es eine Wurzel im Alter von drei Jahren und im dritten Monat im Mutterleib, weil die Summe aus den Ziffern Eins und Zwei der Zahl Zwölf drei ergibt. Wenn du weißt, wo die Wurzeln angefangen haben, ermöglicht dies dir, die Wurzeln des Musters zu beseitigen. Entscheide dich dafür, das Ereignis nicht zur Trennung zur benutzen. Rufe stattdessen Liebe und Göttliche Liebe für dich selbst und alle in der Szene herbei, denn das ist es, was sie brauchen. Das heilt die Angst, die Trennung, den Schmerz und den Groll und bringt stattdessen Ganzheit, Frieden und Verbundenheit. Dies wird ein ganzes Muster des Verlusts für dich auflösen und dich für dich selbst, andere Menschen und den Himmel wieder herstellen. Dann können sich neue Möglichkeiten in deinem Leben entfalten, und du erfährst eine Renaissance.

41

Emotion als Aufopferung

Deine Emotionen sind bestürzend und schmerzhaft und stellen daher eine Form der Aufopferung dar. Aufopferung ist eine Erfahrung, bei der du dich nicht vollständig gibst. Wenn du dich vollständig geben würdest, wenn du eine Emotion hättest, würde sich die Situation sofort in ein Geburtserlebnis verwandeln. Wenn du dich vollständig geben würdest, wenn du Verlust und Trauer erfahren würdest, was ebenfalls Formen der Aufopferung sind, dann würdest du Zärtlichkeit, Eindringlichkeit und einen neuen Anfang erleben. Du würdest Liebe und Dankbarkeit anstatt Verlust fühlen. Wenn du leidest, dich verletzt fühlst oder dir das Herz gebrochen wurde und du dich selbst vollständig gibst, wirst du Liebe, Geburt, eine neue Ebene deiner Lebensaufgabe, Kreativität und Vision erleben. Wenn du dich in der Vergangenheit vollständig gegeben hättest, als du dich schuldig gefühlt hast, anstatt in Wertlosigkeit, Aufopferung und Selbstangriff zu gehen, hättest du stattdessen eine Korrektur eines Fehlers, das Lernen einer Lektion, erneuerte Unschuld, ein Gefühl für deine Güte und größere Effektivität erfahren. Alle deine Emotionen blockieren deine Fähigkeit, zu empfangen. Alle deine Emotionen sorgen dafür, dass du zurückgezogen und abgeschnitten bleibst. Kontakt und Verbindung ermöglichen Authentizität, Leichtigkeit, Intimität, Freiheit und Erfolg.

Im Herzen jedes Problems gibt es dunkle Emotionen. Jedes Problem stellt ungeachtet seiner Form eine Aufopferung dar. Dazu gehören Versagen, Armut, Krankheit, Rückschläge und sogar der Tod. Aufopferung ist Angriff und Selbstangriff. Sie konkurriert, und wenn sie keine Kontrolle erlangen kann, strebt sie stattdessen nach moralischer Überlegenheit. Sie demonstriert, dass sie spirituell überlegen und „eine Legende in ihrem eigenen Bewusstsein“ ist. Aufopferung greift in jeder Opfersituation oder jeder Rivalität, Konkurrenz oder dissoziierten

Unabhängigkeit um sich. Sie ist in Erwartungen, Konflikt, Rollen, Regeln und Pflichten enthalten. Sie ist ein Ort des Rückzugs und beinhaltet einen Mangel an Selbstwert sowie einen Mangel an Selbsteinbeziehung.

Aufopferung ist gefälschte Liebe und erlaubt daher keine Gefühle von Selbstwert und Authentizität. Ohne diese Elemente fühlst du dich einfach nicht liebenswürdig. Daher musst du hier eine Entscheidung treffen. Wenn du sie beständig triffst, schafft das eine Einstellung, eine allgemeine Richtung. Möchtest du Liebe und Liebenswürdigkeit oder möchtest du Emotionen und Aufopferung haben? Es scheint eine offensichtliche Entscheidung zu sein. Dennoch wirst du sie immer wieder treffen müssen. Wenn es ein Problem oder eine beliebige Art emotionalen Leidens gibt, dann ist es offensichtlich, dass du die falsche Entscheidung getroffen hast.

Wenn du dich immer wieder positiv entschieden hast, dies jedoch wenig Wirkung in deiner Welt zeigt, dann hast du wahrscheinlich einen Ort mit einer unbewussten schlechten Einstellung erreicht, an dem sich das uralte Ego immer wieder vom Licht abgewendet hat. Stell dir vor, dieses uralte Ego und seine schlechte Einstellung in der einen Hand und dein Höheres Selbst in der anderen Hand zu halten. Stell dir nun vor, wie du sie in reines Licht zusammenschmelzen lässt. Achte darauf, dass es auf dieser Ebene keinen Unterschied zwischen den beiden Energien gibt. Führe deine Hände zusammen und bringe so das Licht zusammen und anschließend in dein Herz. So heilst du diese uralte Falle, die dafür gesorgt hat, dass du in Leiden und Aufopferung stecken bleibst. Wenn es nach der Integration mehr Schmerzen oder Beschwerden beliebiger Art gibt, dann fährst du weiter damit fort, diese in dein Höheres Selbst zu integrieren, bis Frieden herrscht.

42

Strebe bei einem Streit nach Ebenbürtigkeit

Wenn du dich in einem Streit befindest, ist es ein Kampf um Dominanz und Rechthaben. Wenn du dich stattdessen um Ebenbürtigkeit bemühst, gibst du den Kampf um Gewinnen und Überlegenheit auf und suchst nach einer einvernehmlichen Lösung. Wenn du gewinnst, setzt es deinen Partner in deinen Augen herab. Er hat dann weniger Wert und Anziehungskraft für dich. Dein Ego gewinnt und deine Beziehung verliert. Du bewegst dich auf Kosten deines Partners vorwärts. Je mehr du dich der Ebenbürtigkeit verpflichtest, umso größer wird sie, und wo Ebenbürtigkeit herrscht, gibt es Fluss. Das bringt dich über den Konflikt hinweg zu einer Situation, die für beide gut ist. Es besteht keine Notwendigkeit für dich, zu gewinnen, wenn Ebenbürtigkeit euch beiden erlaubt zu gewinnen. Es besteht keine Notwendigkeit, deine Überlegenheit zu beweisen, wenn Ebenbürtigkeit dir ein Gefühl von Selbstwert vermittelt, das du aus Überlegenheit zu bekommen versucht hast. Das geschah natürlich auf eine Weise, die niemals erfolgreich gewesen wäre. Es gibt einen Teufelskreis aus Überlegenheit und Unterlegenheit, und wenn du nach einer von beiden strebst, findest du die andere. Ebenbürtigkeit heilt Konflikt, Konkurrenz und Leblosigkeit. Sie macht Partnerschaft attraktiv und bringt Ebenbürtigkeit in deine männlichen und weiblichen Seiten. So entstehen Leichtigkeit, Gleichgewicht und die Fähigkeit zum Empfangen.

43

Materialismus und Habgier

Wenn du in Habgier und Materialismus gefangen bist, ist deine emotionale Entwicklung in dieser Phase zum Stillstand gekommen. Wenn du im Materialismus gefangen bist, hast du typischerweise einen Rückschlag oder ein Trauma erlitten, bei dem du deine Verbindung nach oben unterbrochen hast. Mit anderen Worten hast du die höheren Chakren oder Energiezentren abgeschnitten. Das geschah beginnend mit dem Liebeschakra im Herzen, dem Kraft- und Dienstchakra im Hals, dem Visions- und Kreativitätschakra im dritten Auge und dem Kronenchakra, das die Öffnung zur Gnade ist. Das unterbricht die Energie in diesen Bereichen nicht vollständig, aber es schwächt diese Energiezentren. Wenn das häufig genug passiert, erzeugt es ein Handicap und ein „einäugiges" Sehen. Es kann dich in Materialismus und Oberflächlichkeit gefangen halten. Dann entsteht das wirkliche Vergnügen aus dem Erwerb von Besitztümern und dem Drum und Dran von Dingen anstatt durch Bezogenheit zu anderen Menschen oder etwas Wesentlicherem.

Gewinnsucht und Konkurrenz gehen Hand in Hand. Dadurch bleibst du in Machtkampf, Rückzug, Leblosigkeit, dem Teufelskreis aus Überlegenheit und Unterlegenheit und schließlich in Vergleichen stecken, der Falle, die das Ego benutzt, um uns in Schmerzen festzuhalten. Habgier entsteht aus Gefühlen der Vernachlässigung und ist eine Kompensation für Entbehrung und Konkurrenz. Die Energie, die für Besitztümer eingesetzt wird, war eigentlich für die Freude der Partnerschaft und die Erfüllung deiner Lebensaufgabe bestimmt. Habgier ist ein Versuch, alte Bedürfnisse zu erfüllen, indem du in der Gegenwart so viel zu bekommen versuchst, wie du nur kannst. Es ist eine Kompensation, die das Bedürfnis selbst durch den Versuch, es zu überhäufen, nicht wirklich befriedigen kann. Wenn du jedoch dein Unterbewusstsein untersuchen würdest, könntest du feststellen, dass deine Entbehrung durch niemand anders verursacht wird als durch dich selbst. Du würdest außerdem bemerken, dass dir deine Gefühle der Entbehrung die Erlaubnis zur Trennung gegeben haben. Wir haben auf dem Schmerz von Trennung und Mangel eine Identität aufgebaut. Das Aufbauen und Erhalten unserer Identität ist die Sache, die uns am wichtigsten ist. Es ist unser Idol der größten Anhaftung. Es hält uns hungrig, ohne die Fähigkeit zu empfangen. Empfangen geschieht nur durch Verbundenheit und Partnerschaft.

Denke heute über deinen Materialismus und deine Habgier nach. Ist es das, was du wirklich willst? Achte darauf, bezüglich deines allzu menschlichen Dilemmas deinen Humor nicht zu verlieren, und triff einige heilende Entscheidungen. Setze zum Beispiel deine Intuition ein, um festzustellen, wo du in deiner Entwicklung stehen geblieben bist, und verpflichte dich dazu, von diesem Punkt an vorwärtszugehen. Dies wird eine Änderung deiner Einstellung erfordern. Bei Habgier und Materialismus geht es nicht notwendigerweise darum, dass du zu viel willst, sondern eher, dass du zu wenig willst. Betrüge dich selbst nicht länger. Jetzt ist der Zeitpunkt gekommen, um dich für all das zu öffnen, was der Himmel dir geben will.

44

Es gibt einen Weg

„Dies ist eine Lektion, von der Gott möchte, dass du sie lernst: Es gibt einen Weg, auf alles so zu schauen, dass es zu einem weiteren Schritt zu Ihm hin wird und zur Erlösung der Welt."
Ein Kurs in Wundern, Übungsbuch, Teil I, Lektion 193. 13:1-2

Denke über dein Leben nach und stell dir vor, dass alles, was dir jemals geschehen ist, dich der Liebe einen Schritt näher hätte bringen können. Deine Perspektive war offensichtlich schlecht gewählt, wie die Zeiten beweisen, in denen du gelitten hast. Es gab Fehlwahrnehmungen, wo du durch Illusion falsche Schritte unternommen und als Folge davon gelitten hast. Du hast offensichtlich aus der falschen Perspektive auf die Dinge geschaut, das heißt, dein Ego anstelle deines Höheren Selbst unterstützt, dich für Trennung entschieden und nach Besonderheit gestrebt, anstatt nach Liebe, und du hast versucht, zu bekommen und zu nehmen, anstatt zu geben und zu empfangen. Angriff und Selbstangriff führen zu Rache und Bösartigkeit. Wenn du dich für Schwäche und die Opferrolle entscheidest, ist das ein Versuch, Hass und Schuldgefühle zu verbergen.

Eine verbreitete Fehlwahrnehmung besteht darin, dass Schuldgefühle und Sünde wirklich oder wahr sind, anstatt Fehler, die der Korrektur bedürfen, oder Lektionen, die gelernt werden müssen. Ein weiterer häufiger Fehler bei der Wahrnehmung ist, dass Schmerz und Herzensbruch durch nicht erwiderte Liebe anstatt durch Bedürfnisse und unseren Wunsch, zu nehmen, entstehen. Eine andere falsche Perspektive ist, dass Kontrolle, Tun, was du willst, deinen Kopf durchsetzen und Unabhängigkeit das sind, was dich befreien und glücklich machen wird. Ein weiterer großer Fehler besteht darin, dass Aufopferung eine Form der Liebe anstatt Angriff und Selbstangriff ist – wir haben nicht bemerkt, dass diese für das, was erreicht werden muss, unnötig waren. Ein anderer häufiger Fehler ist der Versuch, sich wie jeder andere zu verhalten, anstatt authentisch, talentiert und strahlend zu sein. Ein weiterer häufiger Fehler, der nur dafür sorgt, dass du dich scheinbar vorwärtsbewegst, besteht darin, deinen Schmerz zu dissoziieren, anstatt ihn zu heilen. Ein großer Fehler, der Schmerz, Anschuldigung und Schuldgefühle in dir einschließt, besteht darin, das, was dir in deinem Leben passiert ist, als den Fehler eines anderen zu betrachten, anstatt deine eigenen irrtümlichen Entscheidungen, die du aus einer irrtümlichen Perspektive getroffen hast. Das Leben dient dem Lernen und der Heilung, was eher ein Verlernen ist. Während du das tust, wirst du glücklicher und friedvoller.

Es gibt einen Weg, auf das zu schauen, was dich Gott näher bringt – alles in deinem Leben und dann alles in deiner Welt. Als eine Folge davon hilfst du der ganzen Welt. Du könntest damit anfangen, dein Leben zu untersuchen und dir ein schmerzhaftes Ereignis nach dem anderen vornehmen. Ich schlage dir vor, dabei nicht mit dem größten Ereignis, sondern mit einem der mittleren zu beginnen. Fange damit an, alles in der Situation zu akzeptieren, damit die Wahrnehmung vom Leiden erlöst wird und du dich weiterentwickelst.

Erkenne, dass alles, was in deinem Leben geschehen ist, das nicht Liebe war, ein Ruf nach Liebe war. Erkenne, dass Menschen sich so verhalten, wie sie sich fühlen, und dass ihr Verhalten dem entspricht, was in ihnen vorgeht. Diese beiden letzten Prinzipien können dir helfen zu verstehen, was wirklich passiert ist. Wahres Verstehen heilt die Trennung. Sage zu jedem Ereignis immer wieder mit fester Absicht, bis es heilt: „Ich will vergeben, und dieses wird verschwinden."

Sitz zum Schluss still und bitte den Himmel darum, dich in die wahre Perspektive zu tragen, damit du anfangen kannst, dir auf immer höheren Ebenen bewusst zu werden, was wirklich passiert ist. Der Sinn und Zweck des Ereignisses bestand nicht darin, Schmerzen zu erzeugen, und auch nicht darin, dein Ego zu stärken. Der Sinn kann auch nicht in der Definition des Egos gefunden werden, die nur vom Ego benutzt werden kann, um sich selbst aufzubauen. Bitte darum, dass du das Ereignis stattdessen durch die Augen Christi siehst und diese Perspektive benutzt, um den Weg zu zeigen und Fehlwahrnehmungen zu korrigieren. Dein Höheres Selbst wird zuerst Frieden und dann Freude bringen und schließlich in die Welt hinausströmen und allen helfen.

45

In Vertrauen und Glauben loslassen

Loslassen in Vertrauen und Glauben ist viel leichter. Loslassen ist eine der wichtigsten, jedoch auch schwierigsten Lektionen, die gelernt werden müssen. Wir halten an etwas fest, und auch, wenn uns das Anhaften Schmerzen, Mangel und Enttäuschung bringt, lassen wir es dennoch nicht los. Wir sehnen uns danach, jetzt ein Bedürfnis erfüllt zu bekommen, das aus vergangenen Umständen entstanden ist. Wir fühlen uns gezwungen, das vermeintliche Heilmittel bei der Hand zu haben, und halten deshalb an dem vergangenen Umstand fest. Wir erkennen nicht, dass dieses Festhalten an der Vergangenheit uns daran hindert, jetzt wahre Erleichterung zu empfangen.

Loslassen macht dein Leben immer besser. Du steckst nicht länger fest. Dein Leben entfaltet sich. Wenn zum Loslassen auch noch Vertrauen hinzukommt, ist es nicht so beängstigend. Anstatt zu fürchten, dass du nicht glücklich sein wirst und dass nichts kommen wird, um seinen Platz einzunehmen, erlaubt dir das Loslassen, dich in dem Wissen, dass etwas Besseres kommen wird, rasch vorwärtszubewegen. Es kann sich um die Rückkehr eines Menschen handeln, an dem du festgehalten hast, aber dieses Mal auf einer höheren Ebene der Bezogenheit, oder es kann ein Mensch kommen, der für dich jetzt besser geeignet ist. Jemand oder etwas Besseres kommt, um den Platz deines Festhaltens einzunehmen.

Vertrauen und Glauben sind eine Investition in eine bessere Zukunft und mit diesem Grad der Zuversicht kommt dir die bessere Zukunft entgegen. Loslassen ohne Vertrauen kann ein beängstigendes Unterfangen sein, auch wenn es nur so lange erschreckend ist, wie du noch festhältst. Sobald du loslässt, spürst du Ergriffenheit und freudige Erregung. Wenn du Loslassen einsetzt, was alle Dinge in Perspektive bringt und ein neues Entfalten ermöglicht, setzt du Vertrauen in eine leichtere Zeit. Du kannst dich entscheiden, wie du dein Bewusstsein investieren möchtest. Wird es für Angst oder für Vertrauen sein? Wenn es in Vertrauen investiert ist, wird es nichts geben, was das Vertrauen nicht korrigieren wird. Mit Vertrauen werden sich die dunkelsten Zeiten zum Licht entfalten.

Aller Schmerz entsteht durch Anhaften. Aller Groll und die Schuldgefühle, die darunter verborgen sind, stellen nur einen weiteren egoistischen Weg des Festhaltens dar. Sieh dich heute in deinem Leben nach Menschen oder Eigenschaften von Menschen um, an denen du festhältst. Häufig halten wir nicht einmal an der ganzen Person aus der Vergangenheit, sondern nur an Teilen dieses Menschen fest, die uns gefallen haben. Lass sie los und wisse, dass dein Leben durch die Macht deines Bewusstseins, die in Vertrauen investiert wird, besser wird.

46

Eine Renaissance

Eine Renaissance ist eine Wiedergeburt. Sie bedeutet, auf einer ganz neuen Ebene zum Leben zu kommen. Sie kann so kreativ und spannend sein, dass sie sich zauberhaft anfühlt. Mit einer Renaissance kannst du einen neuen Anfang bezüglich des Erfolgs bei deiner Arbeit, deinen Beziehungen und deines eigenen Selbstgefühls und deiner Zuversicht erreichen. Du siehst Menschen und Situationen mit neuen Augen. Deine übersinnlichen, heilenden und künstlerischen Gaben wachsen exponentiell. Eine Renaissance kann wie das Geschenk des Frühlings nach einem langen Winter oder als allmähliches Wachstum daraus entstehen, dass du allen alles gibst.

Wenn du dein Urteil aufgibst und jedem Menschen und jeder Situation, mit denen du in Kontakt kommst, so viel von dir selbst gibst, wie du nur kannst, beginnen sich dein Bewusstsein und dein Herz auszudehnen. Je mehr dies passiert, umso mehr werden dein Bewusstsein und dein Herz zu einem *Mindheart* (Herz-Verstand), was das Beste aus beiden vereint und als Eines wirkt. Die alten Griechen hatten kein Wort für Verstand oder für Herz. Sie hatten nur ein Wort für beides. Wenn du dein Urteil aufgibst, und alles von dir gibst, ist das eine Renaissance. Dein Bewusstsein wird zum Gehirn eines Genies. Die linke und die rechte Gehirnhälfte beginnen sich zu verbinden, anstatt getrennt zu funktionieren, sodass immer mehr Originalität und Kreativität entsteht.

Wenn du dich allem, was du tust, vollkommen hingibst, dann fängst du an, viel mehr Spaß, Spiel und Liebe für alles zu empfinden. Dein Glücklichsein, deine Liebe zum Leben und deine Freundschaft für alle entwickeln sich. Du wirst „saftiger" und attraktiver für andere. Deine Führungskompetenz und dein Einfluss machen einen Sprung nach vorn aufgrund deines Verständnisses, deines Eingehens auf andere und deiner Fähigkeit, dich in andere hineinzuversetzen und einzufühlen, weil du sie so liebst und schätzt.

Eine Renaissance ist ein Gipfelerlebnis, das immer weitere Höhepunkte mit sich bringt. Durch dein tiefes Geben entsteht tiefes Empfangen. Du fühlst dich, als ob du an vorderster Front des Bewusstseins stehst. Das gilt insbesondere für deinen Fachbereich oder deine Aktivitäten. Du bist unbefangen. Dein Fokus liegt außerhalb von deinem Ego-Selbst und daher ist dein Kontakt mit dem Leben sowohl tief als auch wunderbar. Du bist äußerst glücklich. Du hast die Aufmerksamkeit von dir selbst weggerichtet, sodass sich dein Leben nicht allein um dich dreht, sondern stattdessen geht es um das Leben selbst. Du gibst und gibst und gibst, und als Folge davon empfängst und empfängst und empfängst du.

In jeder Situation mit Schmerz, Krankheit oder Konflikt, die alle Formen eines Mangels an Erfolg sind, kannst du die Situation Schritt für Schritt von Aufopferung in Erfolg verwandeln, wenn du die Aufmerksamkeit von dir selbst ablenkst und dich aus freiem Willen gibst. Je mehr du durch deinen Schmerz hindurch den Menschen um dich herum und denjenigen, die Hilfe brauchen, gibst, umso schneller verwandelst du alle herausfordernden Situationen. Deine Liebe wächst, und während du dich in allen Bereichen vollständig gibst, kannst du in allen Bereichen eine Renaissance erleben. Wenn es jedoch einen Aspekt gibt, der sich noch nicht an diesem aufblühenden Ort der Originalität befindet, dann konzentriere dich auf diesen Bereich deines Lebens. Mit deinem Geben kann er sich entfalten und verwandeln.

Renaissance ist ein großartiges Geschenk an dich und die Welt. Sie zeigt dir, wie sehr du deine Lebensaufgabe angenommen hast. Wie sehr du zu einem Visionär geworden bist, der einen besseren Weg für eine positive Zukunft sieht. Deine Liebe und dein Glücklichsein sind ansteckend. Du inspirierst so viele Menschen um dich herum, dass sich alle in dich verlieben und viele dich zu ihrem besten Freund oder ihrer besten Freundin zählen. Beginne heute damit, dich jedes Mal, wenn du daran denkst, engagiert dafür zu verpflichten. Gib dich allen und allem ganz, insbesondere in dem Bereich deines Lebens, der vielleicht ein wenig verkümmert ist. Segne die Welt. Segne deine Feinde. Gib allen. Vergib allen. Gib alles. Es wird dich aus der Aufopferung und aus einem halbherzigen Leben herausholen. Während du dich so vollständig gibst, wird das Leben ebenso großzügig zu dir sein. Das Leben wird dir seine Geheimnisse enthüllen, und du wirst weise und frei von Urteilen durchs Leben gehen.

Gib dich vollständig dem Himmel, um den höchsten Grad an Liebe und Verzückung zu erreichen. Gib dich allen Kindern Gottes. Du wirst ein Kanal für die Schöpferkraft sein. Du machst das Empfangen leicht, indem du dich so vollständig gibst. Die Menschen haben häufig so viel Angst vor dem Empfangen, weil die guten Dinge, die empfangen werden, das Negative in ihnen verdrängen. Das fühlt sich nicht so gut an! Die Menschen fangen an, das Empfangen mit dem Sich-schlecht-Fühlen zu verwechseln. Wenn du jedoch beständig gibst, wird diese ganze Negativität aus vergangenem Rückzug mit Leichtigkeit in Geburtssituationen verwandelt.

Renaissance ist ungeachtet deiner Situation für dich möglich. Wende dich dem Licht zu. Fokussiere dein ganzes Leben auf die Liebe. Gib alles. Wenn du das tust, wird die Müdigkeit, die so viele Menschen plagt, dich kaum betreffen. Gib so viel Liebe, dann werden Wunder durch dich geschehen können. Die Liebe des Himmels wird auf deiner Liebe reiten und die Gesetze von Zeit und Raum für die Wahrheit ändern. Das verbannt den Schmerz als eine reine Illusion. Und wenn ein Fragment des Unbewussten auftaucht, um dich von deinem Pferd zu werfen, steig so rasch wie möglich wieder in den Sattel. Als Folge davon wird deine persönliche und spirituelle Evolution nicht nur rasch vorangehen, sondern du wirst auch in der Art der Visionäre von Berggipfel zu Berggipfel springen.

47

Das Ego verstärkt unsere Identität

Das Ego, das die Identität ist, die wir für uns selbst geschaffen haben, baut sich weiter auf, während unser Leben voranschreitet. Wir glauben, dass es das ist, was wir wollen, aber es hat einen hohen Preis. Wir verschleiern unsere wahre Identität als Geist, so wie wir von Gott geschaffen wurden, und wir geben unsere Verbundenheit auf, um zu werden, was wir zu sein *glauben*. Wir stellen uns in der Trennung auf die Seite des Egos und benutzen die Trennung dazu, eine Identität aufzubauen. Diese Identität wird aus Schmerz, Angst und Schuld geschmiedet. Sie ist der Preis der Trennung. Wir investieren in Schwäche und geben die Liebe und den Erfolg mit Leichtigkeit auf, die durch Verbundenheit entstehen. Wir investieren darin, ein Opfer zu sein, sowie in die Anschuldigung und die Rache, die durch die Opferrolle verursacht werden. Wir nehmen die Rollen der Aufopferung sowie die verborgene oder nicht so verborgene Rolle der Unabhängigkeit an. Diese Rollen sind das genaue Gegenteil von Freiheit, weil sie Rollen sind, die eine Form des Rückzugs darstellen, und durch bestimmte Engpässe beschränkt sind, die kein Empfangen erlauben.

Das ist unsere Identität, wie wir sie geschaffen haben, und sie steckt voller Selbstkonzepte. Das Ego trennt uns als Folge davon von anderen und baut über den Unterschied eine Identität auf. Diese Trennung führt zu Schmerz. Das Ego überzeugt uns jedoch davon, dass der Schmerz der Preis ist, den wir bezahlen müssen, um eine Identität zu haben. Es redet uns ein, dass es diesen Preis wert ist, weil wir so „wissen", wer wir sind. Außerdem können wir weglaufen und uns vor unserer Lebensaufgabe verstecken. Wir können besonders sein und die Kontrolle behalten. Wir können unseren Kopf durchsetzen. Wir können anderen die Schuld geben und sie verurteilen und keine Verantwortung für unser Leben und unsere Erfahrungen übernehmen. Wir können Ausreden benutzen. Das Ego verspricht all das und darüber hinaus, dass es alle Schmerzen beseitigen wird, die wir dabei ansammeln. Aber das Ego beseitigt die Schmerzen nicht, sondern verdrängt und dissoziiert sie nur. Das Ego baut sich auf Schmerzen und den Abwehrmechanismen, die sie verbergen, auf. Daher ist es nicht sehr wahrscheinlich, dass es sich bemühen wird, die Schmerzen loszuwerden.

Es kommt der Zeitpunkt, an dem wir erkennen, dass das Ego kein Freund von uns ist. Es hat versucht, uns dazu zu verleiten, unser Glücklichsein außerhalb von uns zu suchen, mit anderen Worten, für immer enttäuscht zu werden. In der Desillusionierung durch das Ego liegt die Möglichkeit, dass wir uns für einen Pfad der Heilung entscheiden. Dies würde das Ego auflösen und seine Wände der Trennung einreißen. Die Wände des Egos haben uns davon abgehalten, zu empfangen, Liebe zu erfahren und Freude zu haben. Während die Wände und Blockaden zwischen uns und unserem Selbst, zwischen uns und anderen Menschen und zwischen uns und dem Himmel wegfallen, nehmen Freude und Gnade immer mehr ihren Platz in unserem Leben ein. Heilung befreit uns von den Schmerzen der Vergangenheit und von dem Gefängnis, das das Ego für uns gebaut hat. Ab einem Alter von 19 Jahren hat der Vorteil, den das Ego uns dabei verschafft hat, diese illusorische Welt zu navigieren, keinen Wert mehr. Während wir die Identität loslassen, die wir aufgebaut haben, eine Identität, die im Gegensatz zu derjenigen steht, die Gott uns gegeben hat, stellen wir das, was uns verloren gegangen ist, durch die Erkenntnis unserer selbst als unbegrenzter Geist wieder her.

48

Selbstwert und Selbstliebe gehören zusammen

Selbstwert und Selbstliebe gehen Hand in Hand. Wo der eine ist, findest du auch die andere. Selbstwert schafft Ganzheit, und wo du Ganzheit hast, fehlen Angriff und Selbstangriff. Angriff und Selbstangriff sind die Grundlage des Egos und das Gegenteil von Liebe und Selbstliebe.

Selbstwert entsteht daraus, anderen und anderem Wert zu geben. Und jedes Mal, wenn wir geben, was eine Form der Liebe und des Wertschätzens ist, dann lieben und wertschätzen wir uns selbst im gleichen Ausmaß. Wenn wir empfangen, was eine andere Form der Liebe ist, dann sagen wir, dass das, was uns gegeben wird, Wert hat. Indem wir diesen Wert empfangen, messen wir dem Gebenden Wert bei. Teilen ist eine weitere Form der Liebe, und wenn wir teilen, dann erklären wir, dass die andere Person Wert hat, der mit uns geteilt werden soll, und das erhöht ihren Selbstwert. Wir verschenken Liebe dadurch, dass wir uns ausdehnen, auf andere zugehen und ihnen zu Diensten sind. Diese Liebe wertschätzt die anderen Menschen, und wenn wir Wert beimessen, empfangen wir ihn. Dies geschieht auf die gleiche Weise, wenn wir Liebe geben und sie gleichzeitig empfangen.

Der Himmel, Einssein und Gott sind der ultimative Wert, und sie sind auch Liebe. Wenn Göttliche Gegenwart erkannt wird, und sie ist immer anwesend, dann gibt es Göttliche Liebe, die Wunder mit sich bringt. Die Göttliche Gegenwart und Göttliche Liebe zu erkennen, bedeutet, einen neuen Grad an Selbstwert zu erkennen. Der Himmel misst uns vollständigen Wert als ein Kind Gottes bei, und die Erkenntnis der Göttlichen Gegenwart erhöht unsere Selbstliebe, während sie geschieht. Während unsere Selbstliebe und unser Selbstwert sich erhöhen, möchten wir sie natürlicherweise mit den Menschen um uns herum teilen, und erhöhen damit wiederum ihren Wert für uns. Selbstliebe und Selbstwert nehmen in einer Aufwärtsspirale zu, so dass wir uns an uns und unsere wirkliche Identität als Geist und als ein Kind Gottes erinnern. In ähnlicher Weise fangen wir an zu vergessen, wer wir wirklich sind und welches Glücklichsein wir verdienen, wenn wir nicht lieben oder keinen Wert beimessen. Frage dich heute, wem du zu geben aufgerufen bist, und schenke diesem Menschen Wert und Liebe. Wenn du dies häufig tust, wirst du feststellen, dass du dich rasch so viel besser fühlst.

49

Erwartungen anderer Menschen

Wenn wir Erwartungen an andere Menschen stellen, öffnen wir uns im gleichen Maße für die Erwartungen anderer an uns. Wenn wir glauben, dass es wahrhaftig ist, an andere Forderungen zu stellen, dann glauben wir auf die gleiche Weise, dass die Erwartungen anderer an uns ebenfalls gerechtfertigt sein müssen. Wenn ein anderer Mensch solche Erwartungen an uns stellt, opfern wir uns normalerweise auf, um diese Erwartungen zu erfüllen, oder wir rebellieren dagegen, oder wir gehen durch wahres Geben vollkommen darüber hinaus. Es ist viel einfacher, wirklich zu geben, wenn wir alle unsere Erwartungen und Forderungen an andere und uns selbst kategorisch losgelassen haben. Dies erlaubt uns, andere zu bitten und einzuladen, anstatt von ihnen zu fordern. Wenn wir unsere Bedürfnisse loslassen können, stellen wir keine Forderungen und haben auch keine Erwartungen, sodass wir niemals enttäuscht oder frustriert sein können. Das Loslassen von Bedürfnissen erlaubt uns paradoxerweise zu bekommen, was wir wollen. Alles, was wir einem anderen Menschen antun, öffnet uns dafür, dass uns das Gleiche angetan wird. Wenn wir angreifen, tun wir das, weil wir glauben, dass es eine Wirkung auf andere haben wird. Als Folge davon öffnen wir uns dafür, angegriffen zu werden und dass dieser Angriff eine Wirkung auf uns haben wird.

Lasst uns heute unsere Erwartungen und Forderungen aufgeben und unsere Bedürfnisse dem Himmel übergeben, damit er sie für uns integriert und erneut Verbundenheit und Vollständigkeit wiederherstellt.

Stress entsteht durch Erwartungen, weil Stress auftritt, wenn wir uns antreiben. Wenn wir ein gespaltenes Bewusstsein haben, wie wir es auf dieser unabhängigen Ebene tun, erzeugt dies ebenfalls Stress. Wir sollen etwas und wir wollen es auch nicht. Wir wünschen uns Erfolg und Liebe, aber wir wollen auch die

Unabhängigkeit des Egos haben anstelle der Verbundenheit, die Erfolg und Liebe ermöglichen würde. Erwartungen zeigen uns unser gespaltenes Bewusstsein. Wenn wir etwas nicht unbedingt brauchten, dann würden wir es einladen, anstatt es zu fordern. Wenn wir nicht so ambivalent wären, würden wir uns einfach erlauben, das zu empfangen, was wir wollen. Werde dir all der Gefühle des „Müssens" und „Sollens" in deinem Leben bewusst und ändere sie in „Wollen" und „Entscheiden für". Dies erzeugt Leichtigkeit und Flow, lädt unsere Ziele ein und heißt sie willkommen.

50

Engagement verleiht dir Selbstwert

Wenn du dich für jemanden einsetzt, dann baust du deinen Selbstwert im gleichen Ausmaß auf wie den der anderen Person. Wenn du dich einer Sache widmest, insbesondere deiner Lebensaufgabe, dann baust du deinen Selbstwert auf. Alles, bei dem du dich vollkommen gibst und wofür du dich anschließend verpflichtest, erhöht deine Zuversicht, deine Fähigkeit für Kontakt und deine Selbstachtung. Dein Engagement ist ein heiliges Vertrauen, das du einer anderen Person oder einer Sache von Wert schenkst.

Besonderheit ist das Gegenteil von Engagement und Widmung. Besonderheit fordert, dass sich andere dir widmen sollen. Besonderheit stellt dich ins Zentrum des Universums. Auf der anderen Seite lebst du für etwas Größeres als dich selbst, wenn du dich einsetzt und widmest. Du lebst für Liebe, Wahrheit, Glücklichsein und dafür, der Welt zu helfen. Je mehr Selbstwert du hast, umso mehr Selbstwert gibst du, umso mehr inspirierst du. Widmung und Selbstwert erzeugen eine Aufwärtsspirale, denn je mehr Selbstwert oder Engagement du hast, umso mehr teilst du mit den Menschen um dich herum.

Engagement ist eine Verpflichtung auf einer neuen Ebene des Dienens. Es ist wahre Hingabe. Je mehr wir uns einem anderen Menschen hingeben, umso mehr wird er sich uns hingeben. Je mehr wir uns engagieren, umso mehr erhalten wir Engagement, entweder von jemandem, dem wir zu Diensten sind, oder von einer Sache. Je mehr Engagement wir für eine Sache haben, umso mehr ziehen wir andere an, die sich auf ähnliche Weise für unsere Sache einsetzen und sich mit uns in der Liebe verbinden, die wir dieser Sache geben, die wir miteinander teilen.

Mit Einsatz ernten wir jede Menge Selbstwert. In unserem Selbstwert erkennen wir, dass andere ähnlichen Wert wie wir haben. Deshalb setzen wir uns auf natürliche Weise für sie und ihr Glücklichsein ein. Wenn du dich selbst wertschätzt, dann engagierst du dich, und wenn du engagiert bist, erhöhst du in gleichem Maße deinen Selbstwert. Dies ist eine Aufwärtsspirale. Die Aufwärtsspirale, die wir in unserem Leben haben, ist ein natürliches Gegenmittel gegen die Teufelskreise, die das Ego benutzt, um uns in den Abgrund zu ziehen.

51

Die Spaltung zwischen Vorstoß und Rückzug

Unser Bewusstsein ist in Tausende von Stücken gespalten. Es kommt jedoch Schritt für Schritt wieder als Ganzes zusammen, während wir uns fokussieren, integrieren und der Vollständigkeit verpflichten. Jeder Schritt, den wir vorwärtsmachen, integriert eine Spaltung in unserem Bewusstsein und befreit es von Angst, Schwäche, Unzulänglichkeit und Schuld. Dadurch erreichen wir eine neue Ebene der Vollständigkeit. Um dieser Leichtigkeit der Vorwärtsbewegung entgegenzuwirken, hat das Ego ein gespaltenes Bewusstsein zwischen Vorstoßen und Zurückhalten eingerichtet. Ein Teil von uns möchte vorwärtsgehen, um einen besseren Weg zu finden, und ein anderer Teil von uns möchte sich zurückziehen. Wir haben Angst, dass wir etwas Wichtiges verlieren würden, wenn wir uns vorwärtsbewegten. Oder dass wir etwas verlieren würden, von dem das Ego uns überzeugt hat, dass wir es brauchen, wie Kontrolle, Beherrschung und Durchsetzungsvermögen.

Das Ego will seine Vormachtstellung nicht aufgeben. Es herrscht durch Angst, Schuld und Anschuldigung – und dies sind alles Emotionen, die uns davon abhalten werden, uns vorwärtszubewegen. Das Ego versklavt uns mit Idolen, die Desillusionierung und zerschlagene Träume garantieren. Der gesamte Zweck für das Ego, ein gespaltenes Bewusstsein zu haben, besteht darin, uns abzulenken und aufzuhalten, weil dies die Vorherrschaft des Egos andauern lässt. Je mehr wir vorwärtsgehen, umso mehr verliert das Ego eine Schicht von sich selbst, während wir unseren Weg finden. Wenn wir uns auf das Ziel konzentrieren und uns vorwärtsbewegen, überwinden wir allmählich die Spaltung.

Wir können uns fragen, wie viele Schichten wir von der Spaltung zwischen Vorwärtsgehen und Zurückhalten haben, und den Himmel bitten, alle diese

Schichten in eine neue Ganzheit, neue Zuversicht und eine neue Aufgabe zu integrieren. Das wird zu einem Fluss der Geschehnisse anstelle der ruckartigen Stopp-Start-Bewegung führen, die uns zurückhält. Jede Verpflichtung, die wir machen, heilt einen alten Konflikt, und das ist so, als wenn ein Anker entfernt wird, wenn wir uns vorwärtsbewegen. Alle diese Prinzipien können das Auf und Ab des Fortschritts sowie die „Zwei-Schritte-vorwärts-und-einen-Schritt-zurück"-Bewegung transformieren, welche charakteristisch für die meisten Wachstumsvorgänge ist. Wie ist das Vorwärtsgehen in deinem Leben bisher abgelaufen? Ein weiterer Weg, den du erwägen könntest, besteht darin, dir vorzustellen, dass das Vorwärtsgehen und der Rückzug Teile der großen Kriege in unserem Unbewussten sind. Wie viele Kriege gibt es bezüglich dieser Spaltung? Stell dir vor, dass sie schichtweise aufeinander gestapelt sind. Der gesamte Zweck des Egos besteht darin, zu verbergen, was sich jenseits dieser großen Kriege befindet. Du kannst eine Engelsschar bitten, dich über diese großen Kriege hinauszutragen, damit du von diesen starken Spaltungen nicht länger abgelenkt oder zurückgehalten wirst. Wenn du die andere Seite erreichst, genieße den Frieden und die Ganzheit, die auf dich in einem Teil deines Bewusstseins warten, das offen für die Bestimmung ist.

52

Das Muster des Herzensbruchs

Sobald du einen Herzensbruch erlitten hast, hast du auch ein Muster des Herzensbruchs. Es kann dich zu weiteren Niederlagen und Herzensbrüchen führen, oder du kannst unabhängig werden und die Kontrolle ergreifen. Das lässt typischerweise eine ganze Welle unbeabsichtigter Herzensbrüche hinter dir zurück, während du versuchst, deine Kontrolle zu behalten.

Ein Herzensbruch ist eine Form der Rache. Mit einem Herzensbruchmuster hast du also auch ein Muster der Rache. Du greifst andere an, um Rache zu üben, aber du verletzt dich auch selbst, um damit andere anzugreifen. Du kannst bei deiner Selbstzerstörung sogar so weit gehen, dich umzubringen oder zu sterben, um Rache zu üben. Es gibt einen Teufelskreis aus Herzensbruch und Rache. Dieses Muster aus Herzensbruch und Rache wird dann zu einem Muster des Hasses. Wir glauben, dass uns jemand davon abhält, das zu haben, was wir wollen. Die Person hat uns nicht geliebt. Sie hat sich nicht um uns gekümmert. Sie hat uns verletzt, und wir sind blind für die Tatsache, dass das, was sie für uns getan oder nicht getan hat, tatsächlich daraus entstanden ist, dass wir ihr nicht so geholfen haben, wie wir es versprochen hatten.

Wir sind zum Opfer geworden und haben dabei verdrängt, dass wir das Ereignis benutzt haben, um uns zu verstecken, vor unserer Lebensaufgabe davonzulaufen und Rache zu üben. Wir haben das getan, anstatt unser Versprechen zu halten und uns einer ganz neuen Ebene von Talenten in uns zu öffnen, um diese Person zu retten. Wir haben uns schuldig gefühlt und das ebenfalls vor uns selbst versteckt. Jetzt gibt es einen Teufelskreis aus Herzensbruch-Hass und Rache. Das führt zu einem gewissen Selbsthass. Dadurch entsteht ein Teufelskreis aus Herzensbruch-Rache-Hass und Selbsthass, den wir möglicherweise unter einer Schicht aus Dissoziation, Unabhängigkeit und scheinbarer Gleichgültigkeit verbergen. Oder wir bleiben im Opfermuster gefangen.

Das kostet uns eine ungeheure Menge an Energie, die auf das Drama, den Schmerz, die Dissoziation und andere Abwehrmechanismen verwendet wird. Wenn diese Energie stattdessen in Glücklichsein, Heilung und dem Helfen anderer investiert würde, gäbe es eine Renaissance in unserem Leben. Sobald wir erkennen, dass wir eine solche Last in uns getragen haben, wird es klar, dass wir unser Ego besser entmachten, als sein Sklave zu bleiben. Wir können damit anfangen, die Verantwortung für diesen Fehler aus Niederlagen, Herzensbrüchen, Rache, Schuld, Hass und Selbsthass zu übernehmen. Als Nächstes können wir ihn so schnell wie möglich dem Himmel übergeben und darum bitten, dass der Fehler behoben wird. Anschließend warten wir zuversichtlich in dem Wissen, dass der Himmel unsere Bitte erhören wird. Denn das repräsentiert die Liebe des Himmels für uns sowie Seinen Wunsch, dass wir glücklich, ohne Schmerzen und erfolgreich bei allem sind, was wir tun.

53

Widme die Situation bei einem Streit ganz der Wahrheit

„Der Frieden ist unausweichlich,
wenn eine Situation gänzlich der Wahrheit hingegeben wurde."
Ein Kurs in Wundern, Textbuch, 19.I.1:1

Bei einem Streit gibt es alle Arten von Zielen und sogar Ziele, welche die Gegner vor sich selbst verborgen haben. Sie wollen, dass unterschiedliche Bedürfnisse erfüllt werden, und möglicherweise eine ganze Reihe davon. Sie wollen recht haben. Sie wollen gewinnen. Sie wollen sich durchsetzen und erneut recht haben. Schließlich beabsichtigen sie außerdem, durch ihr Streiten ihre Angst zu verbergen. Sie hoffen, dass sie sich der Angst nicht stellen müssen, wenn sie sich nicht vorwärtsbewegen. Dies ist natürlich genau der falsche Umgang mit Angst. Dadurch entledigen wir uns der Angst nicht, sondern verstecken sie nur.

Wenn du die Situation der Wahrheit hingibst, anstatt zu versuchen, dein Bedürfnis erfüllt zu bekommen, recht zu haben, die Konkurrenz zu gewinnen oder deinen Kopf durchzusetzen, dann wird die Wahrheit sicherlich deine Bedürfnisse erfüllen. Sie wird dich über das Bedürfnis hinausbringen, recht zu haben, denn Wahrheit schenkt dir Verbindung und Partnerschaft. Dort ist es möglich, dass ihr beide gewinnen könnt. Wahrheit bringt dich über das Bedürfnis, recht zu haben, und über die unter Selbstgerechtigkeit verborgenen Schuldgefühle hinaus. Sie wird dich über „deinen Weg" hinaus zu etwas bringen, das für beide von euch erfüllender ist. Sie bringt dich auch über die Angst hinweg an einen Ort des Sichverbindens.

Gib dich deshalb der Wahrheit hin. Sie wird die Authentizität jenseits der Leblosigkeit bringen, die durch Rollen entsteht. Sie wird dir Leichtigkeit anstatt der Schwierigkeiten und der Lasten der Rollen bringen. Sie wird dir Freiheit anstelle der Schmerzen und der Knechtschaft bringen, die als Ergebnis eines Kampfes entstehen. Sie bringt dir außerdem die Vollständigkeit, die aus Heilung kommt, und den Mut, der dadurch entsteht, dass du dich vollständig gibst. All dies schenkt dir die Wahrheit. Gib dich ihr hin.

54

Die Wurzeln des Bösen

Die Welt ist unser Spiegel. Das Böse, das wir in der Welt sehen, ist daher das Böse, das größtenteils tief in unserem Unbewussten vergraben ist. Das Böse hat gute Abwehrmechanismen und ist gut dissoziiert und kompensiert. Dennoch gibt es viel, was wir tun können, um das Böse zu beseitigen, das über unsere Vorfahren weitergegeben wurde, das aus „anderen Leben" stammt und aus den Schatten, die in unserem Bewusstsein gefangen sind. Diese Schatten sind verdrängte, irrtümliche Urteile über uns selbst, die uns jedoch immer noch programmieren. Die meisten dieser Schatten werden durch Rollen kompensiert, die gut aussehen, aber nie belohnt werden. Es kann keine Belohnung geben, weil die Rollen nur eine Abwehr darstellen, um das zu verbergen, was wir in uns für böse *halten*. Die Rollen verbergen, was wir an uns selbst hassen.

Trotz der Unwirklichkeit der Schatten werden sie dennoch auf die Welt projiziert. Dann gibt es das Bewusstsein, das wir mit dem Bewusstsein der Menschheit teilen. Dort zeigt uns die Welt unsere tiefsten, dunkelsten, ältesten, bösen Selbstkonzepte, die im Unbewussten vergraben sind. Denn wir verbergen dunkle Selbstkonzepte unter Rollen, bei denen wir das Richtige aus den falschen Gründen tun.

In uns gibt es außerdem das dunkle Übernatürliche, das voller Dämonen, Teufel und dunkler Herrscher ist. Dies ist das Astralreich, der tiefste Teil des Unbewussten, in dem wir uns vom Licht abgewendet und uns weiter getrennt haben, sogar noch bevor wir Körper angenommen haben. In diesem letzten Teil kommen wir zur Wurzel allen Übels und mit ihr zur Wurzel aller Schuldgefühle und allen Leides. Dies ist der „Sündenfall", bei dem wir in den Traum gestürzt sind. Wir haben unseren Sturz auf Gott projiziert, als ob dies sein Wirken gewesen wäre und als ob das Höchste Wesen der Liebe uns hinauswerfen könnte.

Oder als ob Einssein jemals geteilt werden könnte. Gottes Schöpfung ist eine Ausdehnung Seiner Liebe. Gott kann nicht von Seinen Kindern getrennt werden. In unserem Wunsch jedoch, getrennt und besonders zu sein, haben wir geglaubt, dass das passiert ist. In der Tat können wir den Willen Gottes oder wie wir erschaffen worden sind nicht ändern.

Das Ego jedoch, das Prinzip der Trennung und Besonderheit, redet uns ein, dass wir genau das tun können. Jede Trennung hat der Welt mehr Dunkelheit, Schmerz und Illusion hinzugefügt. Wir sind individuell und kollektiv weiter gestürzt. Erst jetzt beginnen wir wieder, im Bewusstsein aufzusteigen, und können wieder wachsen, bis wir erneut zum Einssein erwachen.

Wir könnten zum Beispiel das negative Verhalten eines anderen Menschen als verdammungswürdig oder als Hilferuf betrachten. Wir alle haben Schichten der Abwehr tief in unserem Bewusstsein, in denen wir lieber Ruin und zerschlagene Träume erleiden würden, als diese Welt zu verlassen, die wir geschaffen haben. In dieser Welt gibt es Idole, die wir selbst geschaffen haben und durch die wir erfüllt zu werden versuchen. Idole lassen uns jedoch nur mit Angst, Schuldgefühlen, Versagen, Groll und Opfersein zurück, um unseren Anteil des Strebens danach zu verbergen, der zur Desillusionierung geführt hat. An dieser Stelle kämpfen wir mit Gott, um die Welt und das, was wir glauben, von ihr zu bekommen, zu erhalten.

Unsere Rebellion zeigt unseren Wutanfall und unsere Masche: unseren zur Kunstform weiter entwickelten Wutanfall. Dort existieren unsere Sturheit, unser Trotz, unsere schlechte Einstellung, unsere Aufsässigkeit, unsere Negativität, unsere Verstocktheit und unsere Unverbesserlichkeit, weil wir Angst vor Veränderung haben. Wir verbergen unsere Anhaftung an die Welt, die wir mit unseren Idolen, unserem Leiden, unserem Groll und unseren Selbstkonzepten aufgebaut haben, die jetzt Teufelskreise aus Schmerz, Groll und dem Bedürfnis sind, Idole zu schaffen. Wir benutzen all das, um unsere Konkurrenz und unseren Kampf mit Gott zu verbergen und zu erhalten, was wir in unserem Ebenbild erschaffen haben.

Es ist unser Wunsch, uns zu trennen, unseren eigenen Kopf durchzusetzen und unsere eigene Welt zu schaffen, der die Wurzel allen Übels ist. Wir wollen unsere Besonderheit, und das führt zu Habgier, anstatt zu teilen. Wenn wir uns trennen, tun wir das, indem wir andere verurteilen. Dies distanziert uns von ihnen und beweist unsere Überlegenheit. Wir wollen Dinge nur für uns haben. Wir trennen uns, und wir erreichen das durch Schmerz, der uns den Grund zur Trennung liefert. Wir geben anderen Menschen die Schuld für diesen Schmerz, auch wenn wir ihn benutzt haben, um auseinanderzugehen. All unser Schmerz, der nicht zur Heilung benutzt wird, dient der Trennung, was zu Dunkelheit, Illusion und Ego führt.

Alle unsere Probleme und Emotionen zeigen unseren Wunsch zur Trennung, es sei denn, wir benutzen sie zur Heilung. Wenn wir nicht jede Emotion zur Heilung benutzen, wird sie zu einem Keil, der die Illusionen und die Trennung aufrechterhält. Jeder Streit ist eine Gelegenheit, uns dafür zu entscheiden, die Teile, die in uns im Konflikt miteinander stehen, zur Versöhnung mit anderen, für mehr Vollständigkeit zu integrieren oder uns für Kämpfe zu entscheiden, die zu selbstzerstörerischen Mustern führen.

Wendest du dich in jedem Augenblick und unter allen Umständen dem Licht zu? Oder versuchst du, deinen Kopf durchzusetzen und auf Kosten der Wahrheit recht zu haben? Baust du Illusionen auf und damit das Böse, das sie bringen? Oder heftest du die Welt durch Liebe und Vergebung in Einheit zusammen? Du darfst wählen. Was willst du?

55

Trennung oder Selbsteinbeziehung

Diese Entscheidung ist der Schlüssel zu deinem Niedergang oder deinem Wohlbefinden. Sie ist jedoch nicht so einfach, wie sie aussieht! Die Entscheidung zur Trennung hat mit dem „Sündenfall“ begonnen und sich seitdem fortgesetzt. Es ist die Entscheidung für Aufmerksamkeit, Besonderheit und den Wunsch nach einer Identität, die wir geschaffen haben, auch wenn uns unsere andere Identität von Gott gegeben wurde. Die Entscheidung zur Trennung ist die Entscheidung für Schmerzen, für Verstecken, für Weglaufen vor unserer Lebensaufgabe und für Abschneiden von Gnade und Führung. Die Alternative, die Entscheidung für die Selbsteinbeziehung, ist die Entscheidung für Liebe, für Verbinden, für Einheit, für Frieden und für Ganzheit. Es ist die Entscheidung für den Himmel anstatt für das Ego.

Wir treffen diese Entscheidung in jedem Augenblick und scheinen es dennoch nicht zu erkennen. Wir richten eine Situation ein, in der uns andere scheinbar zum Opfer machen. Wir ziehen uns natürlicherweise von ihnen zurück oder greifen an – und erkennen nicht, dass wir daran beteiligt waren, die Szene so zu gestalten. Wir können anschuldigen, uns trennen, unseren eigenen Weg gehen, uns selbstgerecht fühlen. Das alles dient dazu, die zugrundeliegenden Schuldgefühle der Trennung zu verbergen. Wenn eine derartige Situation eintritt, ist sie Teil eines Lebensmusters und typischerweise Teil eines Seelenmusters. Das bedeutet, dass es eine natürliche Tendenz gibt, sich für die Trennung zu entscheiden.

Schmerzhafte Situationen tauchen auf, aber jetzt haben wir eine weitere Weggabelung erreicht und können die Situation zum Besseren wenden. Wir können uns dem Licht zuwenden. Wir können erkennen, dass Schmerz und alle seine Selbstgerechtigkeit ein Fehler sind, den *wir* machen, auch wenn es offensichtlich zu sein scheint, dass der *andere* ihn macht. Hier können wir uns entscheiden,

Verantwortung für die Emotion und die Trennung zu übernehmen. Hier können wir uns entscheiden, zu vergeben und zu heilen. Hier können wir uns entscheiden, den anderen und uns selbst einzubeziehen. Wir können erkennen, dass wir, wenn wir irgendjemand nicht mit einbeziehen, einen Teil von uns selbst nicht mit einbezogen haben und uns daher weder ganz noch vollständig fühlen können.

Wenn es uns gutgeht und wir im Fluss und glücklich sind, will das Ego etwas tun, was uns aus dem Fluss herausholt, weil Glücklichsein das Ego gefährdet. Das Ego bringt dann etwas aus der Vergangenheit an die Oberfläche, sei es eine schmerzvolle Erinnerung oder indem es den alten Schmerz bei einem gegenwärtigen Problem benutzt. Wenn du bei einem beliebigen Problem dem Schmerz *nachspürst*, kann dich das dorthin führen, wo die Wurzeln des Schmerzes in diesem Leben begonnen haben. Wenn es Ereignisse in deinem erwachsenen Leben oder deiner Jugend gab, werden sie dich schließlich zu der Wurzel in deiner Kindheit zurückführen, wenn du dich weiter in den Schmerz hineinfühlst. Das Jahr, in dem dieses Problem in deiner Kindheit aufgetreten ist, entspricht dem Monat im Mutterleib. Das heißt, dass ein Trauma im Alter von vier Jahren bedeutet, dass es ein Problem im vierten Monat der Schwangerschaft gegeben hat. Verfolge das Problem also bis in die Schwangerschaft.

Wenn der Schmerz sich in einer beliebigen Situation zeigt, ist das immer ein entscheidender Augenblick der Wahl. Wofür wirst du dich entscheiden? Wirst du das Problem komplizierter machen oder dich dem Licht zuwenden? Wirst du dich selbst mit einbeziehen, oder wirst du den anderen Menschen ins Unrecht setzen? Jede Opfersituation war eine Entscheidung von dir für den Schmerz und dafür, dich nicht mit einzubeziehen. Es kann nicht richtig sein. Es muss einen besseren Weg geben. Bitte um die Führung des Himmels dabei, einen Weg zur Heilung zu finden. Vergib allen und der Situation immer wieder. Bezieh dich selbst mit ein. Du kann ein ganzes Muster heilen – sonst wird es kein Empfangen und kein Glücklichsein geben.

56

Schmerz als Form der Kontrolle

Wenn wir Schmerzen haben, benutzen wir sie, um uns selbst zu kontrollieren. Wir haben Angst, dass wir etwas tun würden (im negativen wie im positiven Sinne). Wir fürchten uns vor unserer Angst, deshalb verbergen wir sie durch Kontrolle. Wir haben Angst vor tieferen Schmerzen wie Herzensbruch und verbergen ihn deshalb unter geringeren Schmerzen. Wir haben Angst vor guten Dingen wie vor unserer Intimität, vor Hingabe, vor Erfolg und sogar vor unserer Lebensaufgabe, weil wir fürchten, nicht damit umgehen zu können. Per Definition möchte niemand Schmerzen fühlen. Es wäre wahnsinnig, Schmerz fühlen zu wollen. Das Ego hat unseren Geist jedoch vollkommen verknotet, und deshalb gibt es ein Unterbewusstsein. Es unterstützt das Ego, indem es das, was für uns nicht vernünftig, wahr oder akzeptabel ist, vor dem Bewusstsein versteckt. Wir können eine Entscheidung treffen, die Vernunft und Wahrheit unterstützt, sobald das, was wir uns gewünscht und dann verborgen haben, in das Licht unseres bewussten Verstands gebracht worden ist.

Wir benutzen Abwehrmechanismen im Dienst des Egos. Wenn wir Schmerz als eine Abwehr benutzen, blockiert er Wahrheit und Gnade. Abwehrmechanismen laden Angriffe ein. Wir könnten die Angst im Innern heilen, die den Angriff anzieht. Wir könnten sogar den Angriff und den Selbstangriff heilen, die zu unserer Abwehr führen.

Aller Angriff weist auf ein gespaltenes Bewusstsein hin, das Schmerz verbirgt. Schmerz programmiert uns für weiteren Schmerz, deshalb schieben wir das, was der Heilung bedarf, auf und machen es kompliziert. Wir verlassen uns entweder zur Heilung auf die Gnade des Himmels oder auf unsere eigenen Ego-Abwehrmechanismen. Die Ego-Abwehrmechanismen sorgen dafür, dass am Ende genau das passiert, wogegen wir uns verteidigt haben. Die höchsten Bereiche des

Bewusstseins sind diejenigen, in denen wir wie ein kleines Kind sind, das von Gott abhängt. Das ist ganz natürlich, jedoch nicht für das Ego, das nach Kontrolle strebt. Es versucht, den Schmerz und andere Abwehrmechanismen einzusetzen, auf denen es aufgebaut ist, um sich selbst und seine Agenda am Leben zu erhalten. Das Ego benutzt Schuldgefühle, Anschuldigung, Urteil, Angriff, Abwehr, Selbstangriff und andere Methoden, um sich selbst zu erhalten.

Wir können jede Art von Schmerzen als einen Weg einsetzen, uns zu verstecken. Körperlicher Schmerz ist eine weitere Schicht der Abwehr, um emotionalen Schmerz zu verbergen. Lasst uns diese Abwehrmechanismen aufgeben und den Schmerz loslassen, um alles willkommen zu heißen, was Gott uns geben möchte. Wir könnten uns erlauben, schutzlos zu sein, und uns vom Himmel beschützen lassen. Wir wollen uns heute für unser Glücklichsein auf die Liebe des Himmels verlassen.

57

Aller Groll ist eine Lüge

Wenn du keinen Groll hegen würdest, hättest du keine Probleme. Wenn du keine Wut hättest, hättest du keine Probleme. Und wenn deine Schuldgefühle verschwunden wären, hättest du weder Wut noch Groll. Groll und Urteile projizieren deine Schuld. Wenn du unschuldig wärst, würdest du dort, wo Negativität herrscht, nur Unschuld und Hilferufe sehen. Wenn du die Wahrheit und das Glücklichsein und den Frieden lieben würdest, die die Unschuld mit sich bringt, dann würdest du dich auf natürliche Weise bei jedem Problem der Wahrheit verpflichten.

„Die Wahrheit wird alle Irrtümer in meinem Geist berichtigen" gehört zu meinen Lieblingsworten der Macht aus *Ein Kurs in Wundern*. Wenn diese Worte mit fester Absicht ausgesprochen werden, können sie das Problem Schicht um Schicht auflösen. Dadurch wird der vorherrschende Angriff und Selbstangriff beseitigt. Es kann dich zur Erfahrung der Freude bringen. Auf dem Weg zur Freude kann es sein, dass deine schmerzlichen Emotionen stärker werden, wenn dein Problem unbewusste Wurzeln hat. Wenn du das Gefühl hast, vor einer Mauer zu stehen, und nach einem halben Dutzend dieser Aussagen keine Änderung eintritt, dann gibt es etwas, an dem du festhältst. Du hast Angst vor Veränderung.

„Ich könnte stattdessen Frieden sehen" (*Ein Kurs in Wundern*, Übungsbuch, Teil I, Lektion 34) ist eine weitere Aussage heilender Kraft, welche die Zwiebelschale der Illusion entfernt. Du könntest diese heilenden Worte benutzen, um all deinen Groll aus der Vergangenheit aufzulösen. Du könntest sie auch benutzen, um alle deine gegenwärtigen Probleme zu bereinigen. Diese Probleme und Traumata sind nicht die Wahrheit, und du verdienst, dass deine Fehler korrigiert werden und dass du dir Frieden gönnst. Wenn du dich selbst belügst, hat dein Ego die Vorherrschaft und du bist verloren. „Das muss nicht sein" (*Ein Kurs in*

Wundern, Textbuch, Kapitel 4, IV) sind weitere Worte der Macht, die zur Heilung eingesetzt werden können.

Du verdienst die Leichtigkeit und die Fülle, die aus der Unschuld entstehen. Du lässt weder Wert noch Liebe zu dir kommen, während du an der Lüge des Grolls festhältst. Jetzt ist der Zeitpunkt gekommen, um die Wahrheit und den Frieden einzufordern, die der Himmel für dich will, und die du für dich selbst willst.

58

Hartherzige Opfer

Ich habe eine beeindruckende Entdeckung im Unterbewusstsein über Opfersituationen gemacht, die mein Verständnis derartiger Situationen auf den Kopf stellte. Seit 25 Jahren war mir klar, dass Opfersituationen Situationen waren, in denen wir Rache nehmen, und zwar nicht nur an wichtigen Menschen wie Partnern und Eltern, sondern auch an der Gesellschaft. Und an Gott. Aber es wurde auf noch tieferen Ebenen des Unterbewusstseins offensichtlich, dass jede Opfersituation nicht nur eine Weggabelung darstellte, sondern eine Kreuzung war, an der wir eine falsche Wendung gemacht hatten. Wir hätten uns dafür entscheiden können, unser Licht erstrahlen zu lassen, uns zu zeigen, ein Seelengeschenk anzunehmen und unsere Lebensaufgabe sowie unsere Bestimmung anzutreten. Wir hätten die Gnade und sogar die Wunder empfangen können, die der Himmel für uns bereithielt. Stattdessen haben wir uns dafür entschieden, uns zu trennen, zu leiden und unsere Identität auf Schmerz, Ungerechtigkeit gegenüber anderen sowie Groll aufzubauen.

Nur wenn man die Tiefen des Bewusstseins erforscht, wird deutlich, dass Ungerechtigkeiten *unsere* Ungerechtigkeiten sind. Und weiterhin, dass wir derjenige sind, der einem Menschen die Schuld gegeben hat, der unschuldig war und unsere Hilfe benötigte.

Das haben wir dazu benutzt, die Wände des Egos aufzubauen und uns aus der Liebe in das Dreigestirn der Rollen von Opfer, Aufopferung und Unabhängigkeit zurückzuziehen. Diese Rollen beruhen auf einem Groll, und Groll beruht immer auf Schuldgefühlen. Die Schuldgefühle waren sowohl unbewusst, was uns ein Faible dafür gegeben hat, den Fehler zu begehen, als auch unterbewusst, weil wir nicht geholfen haben, als wir hätten helfen können. Wir haben uns hartherzig verhalten.

Wir haben uns versteckt, wir haben gelitten und wir haben unsere Lebensaufgabe und unsere Bestimmung gemieden. Dies war mit Sicherheit nicht die Wahrheit, wenn wir nach vorn springen und Erfolg, Leichtigkeit und einen neuen Grad an Intimität hätten haben können. Jetzt ist der Zeitpunkt gekommen, um die Orte in unserem Leben zu untersuchen, an denen wir immer noch das Gefühl haben, ein Opfer zu sein. Wir haben den anderen für das, was passiert ist, die Schuld gegeben, aber es war unsere eigene Angst, die uns zurückgehalten hat. Es war die Angst vor der Wahrheit, vor unseren Geschenken und vor dem, wozu wir berufen waren. Es war die Angst davor, mit dem nächsten Schritt nicht umgehen zu können. Wir haben uns vom Lehrplan unserer Seele und von der wichtigen Lektion, die der Himmel für uns eingerichtet hatte, abgewendet. Wir haben uns für den Lehrplan und die Lektion angemeldet, aber dann abgesagt, als die Situation aufgetaucht ist. Wir sind dem Ratschlag des Egos gefolgt.

Unsere Hartherzigkeit hat Folgen, denn es herrscht immer Karma, bis eine Heilung erfolgt. Karma bedeutet, dass wir unter Hartherzigkeit und Mangel als eine Form der Bestrafung leiden werden, die selbst auferlegt ist. Karma ist ein Versuch, die Dinge zu lernen, indem wir Lehrgeld bezahlen. Diese Lektionen werden jedoch nicht immer durch Leiden und Lehrgeld gelernt. Unsere Beschwerden darüber, nicht geliebt zu werden, nicht unterstützt, verstanden oder geschätzt zu werden, sind alle Karma. Wir bezahlen dafür, hartherzig gewesen zu sein. Das ist jedoch nicht der Wille des Himmels für uns. Es handelt sich nur um eine weitere Verzögerung. Jeder Test, bei dem wir durchgefallen sind, und jede Lektion, die wir nicht vollständig gelernt haben, können wir auf die leichte Art mit Gnade lernen, wenn wir bereit sind, die Hilfe des Himmels zu empfangen.

Bitte um die einfache Art. Bitte um die Art des Himmels. Vergib den Menschen, gegen die du Groll hegst, da du in Wirklichkeit dir an den Orten verzeihst, an denen du hartherzig warst. Bitte um Gnade und Wunder. Bitte darum, wahrhaftig zu sehen und die richtige Wahrnehmung zu haben. Das ist eine Erfahrung, bei der es keinen Schmerz, keine Anschuldigung und keine Schuld gibt. Bitte um Hilfe, damit du Hilfe geben kannst. Verlerne das Ungelernte und verlerne die falsche Lektion. Korrigiere mit der Hilfe des Himmels das, was der Korrektur bedarf, und segne die Welt und die Menschen um dich herum durch deine Heilung.

59

Lernen, was nicht gelernt worden ist

So weißt du, ob du eine nicht gelernte Lektion hast: Etwas in der Gegenwart oder aus der Vergangenheit ist schmerzvoll. Oder unser Leben ist auf eine bestimmte Weise schwierig oder problematisch. Oder du hast starken Groll, starke Urteile und Schuldgefühle. Oder deine Angst und andere Emotionen halten dich im gegenwärtigen Zustand fest. Oder dein Leben fühlt sich schwer an. Das zeigt, dass es eine Lektion gibt, die du nicht gelernt hast, und dass dein Ego alle diese Symptome benutzt, um seine Wände sowohl höher als auch dicker zu mauern.

Sobald du festgestellt hast, dass du eine ungelernte Lektion hast, fasse die feste Absicht, sie zu lernen. Achte darauf, was dir intuitiv in den Sinn kommt, wenn du fragst, welche Folgen es hat, dass diese bestimmte Lektion noch nicht gelernt worden ist. Jedes deiner Probleme hat jetzt eine zugrundeliegende Ursache. Lade also in die gegenwärtige Situation Liebe ein und sei bereit, die dunkle Lektion gehen zu lassen. Du kannst über dieses dunkle Muster nachdenken, indem du fragst, welche Überzeugungen du über dich selbst, das Leben, Beziehungen und Erfolg haben musst, um dieses Problem zu haben. Deine Überzeugungen sind dein Ego. Sie sind Selbstkonzepte, die deine Überzeugungen über alles repräsentieren. Lass diese Überzeugungen los und lade Liebe, Göttliche Liebe und Göttliche Gegenwart ein, um ihren Platz einzunehmen. Bleib dann still sitzen und bitte den Himmel darum, die Lektion bereitzustellen, die du lernen sollst. Wenn sie kommt, teilst du sie energetisch mit den Menschen, die dich jetzt umgeben. Als Nächstes bittest du darum, dorthin zurückzukehren, wo die Wurzel deines Problems begonnen hat. Diese Übung ist auch für Traumata und andere Ursprungssituationen gut geeignet. Deine Aufgabe ist es, die dunkle Lektion loszulassen, bei der du geurteilt hast. Als Folge davon hast du Rollen und Überzeugungen angenommen, die dich und die Menschen um dich herum durch deine Definitionen von dir und der Realität einschränken. Bringe dann einfach die Liebe in diese Situationen und lade auch die Liebe des Himmels und die Lektion darin ein. Lass den Himmel die Situation für dich auslegen, anstatt zu urteilen.

Tu dies Schritt für Schritt, indem du diese Worte der Macht deklarierst: „Indem ich das Urteil ablege, kann ich mich unbelastet erheben und leichtfüßig weitergehen." Jedes Mal, wenn du diese Worte in einer Situation sagst, achte darauf, wie du dich fühlst und wie die Situation aussieht. Tu das, bis sich die ganze Situation in Licht verwandelt. Wenn du die Lektion in der Vergangenheit gelernt hast, bringst du sie und ihre Energie in die Gegenwart. Genieße jetzt die Leichtigkeit deiner gelernten Lektion. Leichtigkeit und Flow sind der Wille des Himmels für dich und dein wahrer Wille. Der Rest, der geschehen ist, war dein Ego, was sich auf deine Kosten aufgebaut hat. Du könntest stattdessen die Wahrheit und die Geschenke haben, die der Himmel für dich bereithält.

60

Keine Erlaubnis, du selbst zu sein

Vor kurzem habe ich mit einer recht erfolgreichen Frau gearbeitet, die kein Gefühl für sich selbst oder für ihr eigenes Leben hatte. Sie hatte das Gefühl, keine Erlaubnis zu haben, sie selbst zu sein. Gelinde gesagt, fühlte sie sich entfremdet und glaubte, dass das Leben eine Reihe von Aufgaben und Schwierigkeiten sei. Sie glaube, dass es darum im Leben ging. Wir verfolgten die Schwierigkeit zurück zu einem Missverständnis in der frühen Kindheit. Es war eine schmerzvolle Zeit, und die ganze Familie war in einer Notlage. Es gab einen Mangel an elterlicher Aufmerksamkeit, weil die Eltern so damit beschäftigt waren, die Familie über Wasser zu halten. Sie gab den Gedanken auf, dass sie spielen durfte. Sie gab ihre Kindheit auf, weil es ihre Aufgabe war, auf ihre jüngeren Brüder und Schwestern aufzupassen. Dies wurde noch schlimmer, als ein anderes Mädchen, das einige Jahre älter war, den Auftrag bekam, auf die Kinder des Dorfes aufzupassen. Das Mädchen achtete nicht auf ihren drei Jahre alten Bruder, der damals in einem flachen Teich ertrank. Seitdem fühlte sie sich durch den Unfall sowohl traumatisiert als auch schuldig, auch wenn sie in diesem Augenblick nicht auf ihren Bruder hätte aufpassen sollen. Seitdem sorgte sie immer dafür, dass sie die Kontrolle hatte.

Das Erste, was wir gemeinsam taten, bestand darin, die siebzehn Selbste wieder zu beleben, die gestorben und in ihrem Herzen begraben worden waren, als ihr Bruder verstarb. Dann gab es die fünfundsechzig Prozent, zu denen sie noch an ihrem Bruder festhielt. Sie verbrachte ein wenig Zeit damit, diese Anhaftung mit der dazugehörigen Traurigkeit und Schuld loszulassen. Als dieser Prozess abgeschlossen war, erklärte ich ihr die Familienrollen, und dass ihr Bruder versucht hatte, die Familie zu retten, indem er selbst die Märtyrerrolle übernahm, und dass ihre Aufopferung ebenfalls die Familie retten sollte. Ihr wurde klar, dass weder das, was sie getan hatte, noch das, was ihr Bruder getan hatte, der Familie in irgendeiner Weise geholfen hatte. Sie erkannte, dass das, was ihr Bruder getan hatte, das Gefühl von Schuld und Versagen in ihrer Familie verstärkt hatte. Sie sah, dass sie sich selbst, ihren Mann und ihre Kinder betrogen hatte, indem sie sich aus ihrem eigenen Leben zurückzog. Wir gingen in diese Szenen aus ihrer frühen Kindheit im Alter von fünf und sieben Jahren zurück, als sie Türen geschlossen hatte und sich von sich selbst und dem Leben zurückgezogen und dabei sich und das Leben weggeworfen hatte.

Anschließend öffnete sie all die Türen, die sie geschlossen hatte, und trat erneut zurück in ihr Leben und in sich selbst. Und schließlich hieß sie wieder in sich willkommen, was sie weggeworfen hatte: von sich und von ihrem Leben.

Plötzlich sah sie ihren Mann und ihre Kinder nicht mehr als eine weitere Aufgabe an. Sie konnte die Liebe ihrer Familie für sie fühlen und ihre eigene Liebe und Wertschätzung für ihre Familie. Der Heilungsprozess, den wir gemeinsam unternommen hatten, hatte ihr die Erlaubnis geschenkt, sie selbst zu sein. Da sie mir vertraute, hatte ich sie ermächtigt, sich selbst die Erlaubnis zu geben, sie selbst zu sein. Während sie vom Stuhl der Fokusperson aufstand, berichtete sie, dass sie sich wie neugeboren fühlte!

61

Unter jeder Emotion

Unter jeder Emotion liegt eine versteckte Trennung. Unter jeder Emotion gibt es eine verborgene Dynamik der Trennung. Diese Dynamik erzeugt emotionale Schmerzen. Die Emotion ist der Keil, der die Trennung aufrechterhält. Illusionen fördern also weitere Illusionen, und da die Emotion so ergreifend ist und die Trennung die Wirklichkeit zu sein scheint, in der wir leben und die wir als real akzeptieren, versäumen wir jedes Mal, tiefer, höher oder über Erscheinungen hinauszuschauen. Unsere Träume in der Nacht scheinen uns ebenso lebendig und wirklich, aber es handelt sich nur um Träume. Unsere Wachträume, das Leben, das wir leben, sind nicht nur fesselnd, sondern aufzehrend. Wir glauben, dass sie wirklich sind. Auf die gleiche Weise halten wir unsere Schmerzen für wirklich. Wir glauben außerdem, dass Trennung unsere Realität ist.

Jedes Mal, wenn wir uns trennen, haben wir schmerzhafte Gefühle und sind über das, was passiert ist, aufgebracht, um die Trennung zu verursachen. In unserer Erfahrung ist das wahre Problem der Schmerz des Opferseins, der uns als eine Folge dazu „gebracht hat", dass wir uns trennen. In unserem Bewusstsein haben wir geglaubt, durch Trennung Freiheit zu gewinnen. Alles jedoch, was wir erreicht haben, war ein gespaltenes Bewusstsein und dissoziierte Unabhängigkeit, welche die Freiheit nur nachahmt. Sie macht uns Angst vor dem, was wir wollen, und vor einer besseren Situation. Vom Ego haben wir Dissoziation bekommen, um den Schmerz zu betäuben. Sie hat jedoch unser Herz betäubt und die Emotion verborgen, die geheilt werden musste. Damit hat sich unser Fortschritt verlangsamt. Das passt dem Ego genau ins Konzept.

Wenn wir eine emotionale Reaktion erleben, können wir uns der darunterliegenden Trennung bewusst werden. Anschließend können wir den Himmel bitten, unsere Emotionen und die darunterliegende Trennung wieder zu einer neuen

Ganzheit zu integrieren. Dies bringt neue Verbundenheit, neue Zuversicht und Flow. Trennung liegt an der Wurzel jedes Problems und allen Leidens. Wenn wir erkennen würden, dass Trennung eine Illusion ist, könnten wir den Himmel bitten, uns zu erlauben, die Schau Christi zu teilen, die über die Trennung hinwegsieht und zeigt, dass wir alle eins und in Liebe verbunden sind. Die Schau Christi ist die Vision einer Welt, der vergeben wurde und die daher vereint und in Frieden ist.

62

Stress ist die Kompensation für Trennung

Wenn wir uns trennen, beginnt der Stress. Wir haben geglaubt, uns in einer stressigen Situation zu befinden. Deshalb haben wir uns zurückgezogen. Aber durch die Trennung entsteht noch mehr Stress. Das Unterbewusstsein zeigt, dass wir die Situation eingerichtet haben, um uns zurückzuziehen, recht zu haben und durch das Geschehen zum Opfer zu werden. Dies war die Erlaubnis, die wir benötigt haben, um uns zurückzuziehen. Dennoch ziehen wir uns in der Rolle der Unabhängigkeit entschieden zurück, um nicht zum Opfer zu werden und in der Aufopferung stecken zu bleiben.

Wir kompensieren für den Stress, den wir fühlen, während wir uns zurückziehen, damit wir nicht überwältigt werden. Aber dies führt langfristig nur zu mehr Stress, der den ursprünglichen Stress verbirgt, anstatt ihn zu reduzieren. Wir bleiben beschäftigt, damit wir uns nicht verloren oder einsam fühlen müssen. Als Kompensation laden wir uns zu viel auf, damit wir die Unwürdigkeit nicht fühlen müssen, die mit der Trennung begonnen hat. Wir arbeiten hart, um uns selbst etwas Wert beizumessen. Wir werden Perfektionisten, um die Unzulänglichkeit zu kompensieren. Wir gehen in zu viele Richtungen, um unsere Angst vor dem Erfolg und unsere Angst vor dem Misserfolg zu verbergen. Wir verstecken unsere Angst vor Verlust und unsere Angst davor, unsere Unabhängigkeit zu verlieren, die aus der ursprünglichen Trennung entstanden ist.

Bezogenheit und Verbundenheit dagegen bringen Leichtigkeit. Dies ist gegenseitige Abhängigkeit, bei der wir unsere Unabhängigkeit nicht *verlieren*, sondern sie positiv in Partnerschaft und Gleichgewicht *verwandelt* wird. Alles zu geben bedeutet, alles zu empfangen.

Stress entsteht durch ein Bewusstsein, das sowohl beschäftigt als auch gespalten ist. Dies führt zu Mangel und schlechter Gesundheit. Wenn du dich gestresst fühlst, dann verbinde dich mit jemandem – es hilft euch beiden, euch zu entspannen. Wenn du jemandem vergibst, dann entspannt es dich, indem es dich von der Verzweiflung befreit, die durch die Trennung entstanden ist. Wenn du dies mit jemandem teilst, erzeugt es Flow und Fülle, da es eine Form der Liebe ist. Wenn du dich zu einem anderen Menschen hinwendest, dann zerreißt dadurch die „Folie" aus Stress, von der dein Bewusstsein bedeckt ist.

Es kann Schichten des Stresses geben. Mach deshalb weiter, sobald du angefangen hast, dich immerfort friedvoll zu fühlen. Alles, was die Trennung beendet, beendet auch den Stress. Der Stress, der aus Angst entsteht, wird durch Liebe beendet. Der Stress, der durch Kontrolle entsteht, wird durch Vertrauen, eine positive Investition deines Bewusstseins in das Gute, beendet. Schuldgefühle und der zugehörige Stress werden durch Vergebung geheilt – ein Geben, das auch den Rückzug durch Schuldgefühle, Trennung und Angst heilt. Unwürdigkeit wird durch Geben geheilt, weil es demjenigen, dem du gibst, Wert beimisst und es außerdem hilft, dir selbst wieder Wert zu geben.

Wahres Helfen, nicht nur die *Rolle* des Helfens, befreit dich aus den Rollen und den Persönlichkeiten des Egos, die uns einengen und stressen. Alles, was uns trennt, erhält die Trennung und den Stress, und alles, was wahres Verbinden ist, lindert den Stress.

Übe heute das Verbinden von Geist zu Geist und Herz zu Herz und Licht zu Licht, um den Stress zu lindern.

63

Konsumverhalten und Fusion

Es gibt eine direkte Korrelation zwischen Konsumverhalten und Fusion. Konsumverhalten ist im Wesentlichen der Wunsch, die Welt zu verschlingen. Er versucht, unsere Bedürfnisse durch Kaufen zu erfüllen. Wir alle haben bestimmte Lieblingsbereiche, in denen wir konsumieren. Vielleicht sind es Speisen und Getränke. Oder Reisen und Abenteuer. Oder Kleidung und Schuhe. Meine persönlichen Favoriten sind Bücher und Hawaii-Hemden. Konsumverhalten ist eine Kompensation für die Angst und Einsamkeit, die aus verlorener Verbundenheit entstehen. Fusion ist eine Rolle der Aufopferung und entsteht wie die Opfer- und Unabhängigkeitsrollen aus verlorener Verbundenheit. Es ist diese verlorene Verbundenheit und ihre Trennung, die uns in der Welt festhält, als ob es die einzige Wirklichkeit und der einzige Weg zum Glücklichsein wäre. Das geschieht durch unseren Wunsch, etwas von Wert von der Welt zu erhalten. Wenn wir schließlich entdecken, dass das, was wir von der Welt zu bekommen versucht haben, bestenfalls zu vorübergehendem Glücklichsein führt, können wir anfangen, wirklichen Fortschritt durch Geben und Empfangen zu machen, anstatt dadurch, dass wir zu bekommen versuchen. Wir können eine neue Entscheidung treffen, die über Bekommen und Konsumieren hinausgeht. Nur Liebe und das, was wir geben, lassen die Freude des Empfangens zu.

Konsumverhalten ist der Inbegriff des Versuchs, etwas von der Welt zu bekommen. Dies kann nur zu Schmerz, Herzensbruch, zerschlagenen Träumen, Frustration und Enttäuschung führen. Bekommen und Nehmen, die auf Bedürfnissen beruhen, blockieren unsere Fähigkeit, zu empfangen und zu genießen. Der Grund dafür ist das gespaltene Bewusstsein, das an Bekommen oder Nehmen beteiligt ist und das auf der einen Seite Unabhängigkeit und auf der anderen Seite unser

Ziel erreichen will. Es ist der versteckte Wunsch nach Unabhängigkeit, der uns in dem gespaltenen Bewusstsein mit seinem Schmerz, seinen Schuldgefühlen und seiner Fusion gefangen hält.

Fusion ist die Kompensation für die Einsamkeit der verlorenen Verbundenheit. Fusion blockiert das Empfangen und ist daher eine Form der Aufopferung. Sie sieht wie Verbundenheit aus. Echte Verbundenheit gibt dir jedoch ein Gefühl von Freiheit, Verbindung und Liebe. Fusion ist übertriebene Nähe, eine Kodependenz, die eine Angst vor dem nächsten Schritt verbirgt. Die übertriebene Nähe führt zu verschwommenen Grenzen anstelle von Selbstwerdung und Kommunikation. Fusion gibt dir das Gefühl, die Person zu tragen, mit der du in Fusion bist, und typischerweise hat diese Person das Gefühl, dich zu tragen. Weil wir uns so übermäßig nahe fühlen, wird die Kommunikation typischerweise auf ein Minimum beschränkt, denn wichtige Kommunikation fühlt sich zu emotional an. Ohne Bewegung zur Selbstwerdung setzen sich Unwürdigkeit und ein Mangel an Selbstliebe fest. Dann neigen wir dazu, unabhängig zu bleiben, weil jede Beziehung wie ein Aufopfern erscheint. Aufopferung setzt der Selbsteinbeziehung ein Ende. Es besteht eine direkte Korrelation zwischen dem Ausmaß, in dem wir wirklich in Partnerschaft gehen, und dem Grad der Selbsteinbeziehung. Ohne Selbstliebe und Selbsteinbeziehung gibt es nichts zu lieben, und es besteht nur eine geringe Fähigkeit, von unserem Partner zu empfangen, geschweige denn, ihm zu geben. Für unseren Partner etwas zu tun, kann ihm helfen, aber er wird die Liebe nur dann *fühlen*, wenn wir uns selbst geben.

Konsumverhalten und Fusion verstärken einander, da es Ziegelsteine in der Wand sind, die das Ego zur Trennung benutzt. Die Wahrheit durchbricht dieses unheilige Bündnis, das die Partnerschaft und das dazugehörige Geben-Nehmen blockiert hat. Sie beendet das Konsumverhalten für dich und einen Partner und bringt die Verbundenheit, die Liebe und Freude willkommen heißt. Engagierte Verpflichtung heilt Konsumverhalten und Fusion. Wenn du dich verpflichtest, stellst du schon bald fest, dass es Fusion heilt, wenn du dich 100 %ig gibst. Dann entsteht echte Partnerschaft anstelle von Fusion und ihrer versteckten Konkurrenz und ihrem versteckten Groll. Dein Geben lädt Empfangen ein und du lässt zu, dass andere dir auf natürliche Weise näherkommen. Mit Verpflichtung wird alles wahr, und du verhältst dich authentisch. Du lädst andere ein, sich ebenfalls authentisch zu verhalten, und dies sorgt dafür, dass die Wahrheit in jeder Situation auftauchen kann. Als eine Folge davon besteht ein Gefühl der Freiheit anstatt der Schwere und der Aufopferung.

Mit Verpflichtung ist der Anfang gemacht, diese entscheidende Lektion im

Leben zu lernen: Was du gibst, bringt Glücklichsein, und gleichzeitig öffnet es dich für das Glücklichsein des Empfangens.

Im Gegensatz dazu gilt: Was du außerhalb von dir zu *bekommen* versuchst, bringt dir bestenfalls momentanes Glücklichsein. Gleichzeitig führt das, was du zu bekommen oder zu nehmen versuchst, schließlich zu Schmerzen und Desillusionierung. Dagegen ist das Glücklichsein, aus dem, was du gibst, so kontinuierlich wie dein Geben.

Nicht viele Menschen schaffen es, über das tödliche Duo aus Konsumverhalten und Fusion hinwegzukommen. Wenn du das jedoch erreichst, hast du gelernt, damit aufzuhören, das Wertlose wertzuschätzen. Du hast deine Bestimmung und deine Meisterschaft angenommen und bist zu einem Lehrer Gottes, zu einer Brücke zwischen Himmel und Erde geworden.

64

Du musst das Problem nicht sehen können

Du musst dein Problem nicht sehen können, um es zu heilen, wenn du dir und allen Menschen, die dir in den Sinn kommen, vergibst. Du musst nicht die gesamte Dynamik kennen, um ein Problem zu heilen. Eine Dynamik reicht aus, um den Weg durch das Problem zu finden. Du könntest dir einfach die Welt ansehen, die ein Spiegel deines Bewusstseins ist, um ein Problem zu finden, das du benutzen kannst, um dich selbst zu heilen.

Du kannst mit den folgenden Prinzipien arbeiten: Im Herzen jedes Problems verbirgt sich ein Groll. Frage dich: Welcher Person könnte ich vergeben, um mich und diese Person zu befreien? Dies befreit dich von den Schuldgefühlen unter dem Groll. Jedes Problem enthält Schuldgefühle und stellt eine Form der Selbstbestrafung dar, die mit den Schuldgefühlen einhergeht. Selbstvergebung heilt sowohl Schuldgefühle als auch Selbstbestrafung. Ein weiteres Prinzip besteht darin, dass wir unsere Probleme benutzen, weil wir Angst vor dem nächsten Schritt haben. Wir glauben, dass wir nicht in der Lage sein werden, mit der nächsten Ebene umzugehen. Das bezieht sich entweder auf die damit verbundenen Probleme oder auf die Talentiertheit, den Erfolg und die Intimität, die sie mit sich bringt. Wir glauben, dass uns das überwältigen würde. Wenn du der Situation so vergibst, *wie sie ist*, wird sie freigegeben, um alles zu sein, was sie sein kann.

Übe deshalb mit allen Menschen Vergebung, die dir in den Sinn kommen, um die Situation zu verbessern. Du kannst auch der Situation selbst vergeben und dir vergeben, dass du die Situation eingerichtet hast, um einen verborgenen Gewinn einzuheimsen, von dem du geglaubt hast, dass er dir dienen würde. Wenn du eine Situation zur Heilung und zum Lernen benutzt, dann übertrumpft das die Dynamik, die du einsetzt, um in dein Ego zu investieren und es aufzubauen.

Während du dein Problem durch Vergebung löst, kommen dir vielleicht andere Menschen in den Sinn, die scheinbar nichts mit dem Problem zu tun haben. Vergib ihnen und allen anderen Personen, die dir einfallen, da alle Probleme in Wirklichkeit unerledigte Angelegenheiten aus der Vergangenheit sind. Wenn du weiter verzeihst, bis die Blockade des Problems beseitigt ist, dann kannst du Leichtigkeit und Flow in deinem Leben leicht wiederherstellen. Wenn keine Leichtigkeit und kein Flow vorhanden sind, ist deine Heilungsarbeit noch nicht beendet. Frage dich: Wer ist die Person, der ich vergeben soll? Vergib dir selbst, der Person und der Situation so lange, bis Frieden herrscht.

65

Talente sind eine gute Alternative zur Aufopferung

Wenn wir das Geschenk in unserem Innern öffnen, besteht keine Notwendigkeit für Aufopferung. Wir dürfen wählen, ob wir Talente und Geschenke oder Aufopferung haben wollen. Typischerweise verbergen wir diese Entscheidung, die in Bruchteilen von Sekunden getroffen worden ist, insbesondere dann, wenn wir uns aus Angst vor Ebenbürtigkeit, Intimität oder Erfolg für Aufopferung entscheiden. Wir wählen manchmal die Aufopferung aus Angst davor, die Kontrolle aufzugeben. Abgesehen davon hält uns die verborgene Entscheidung für Unabhängigkeit und Eigenwilligkeit auch in Opfer- und Aufopferungsmustern gefangen, wenn wir vor Geschenken Angst haben. Opfermuster halten uns auch in Mustern von Herzensbruch und Rache fest. Auf der anderen Seite ermöglicht es uns zu strahlen, wenn wir uns für Geschenke und Talente entscheiden! Und doch haben so viele Menschen Angst davor, ihr Licht erstrahlen zu lassen! Ein japanisches Sprichwort besagt: „Der Nagel, der heraussteht, wird eingeschlagen." Es lohnt sich jedoch so sehr, diese Angst zu heilen, weil unser Strahlen *allen* die Erlaubnis gibt, Glück zu haben, talentiert zu sein und ihr Licht erstrahlen zu lassen.

Die Aufopferung, in der wir uns befinden, ist unsere große Ausrede, uns nicht zu zeigen. An ihrer Wurzel liegt ein Groll, mit dem alles angefangen hat. Mit einem Geschenk sind wir im Fluss – mit Aufopferung kämpfen wir uns mit Schwierigkeiten durchs Leben. Der Zweck der Aufopferung besteht darin, als Abwehr für Schuldgefühle und Versagen zu dienen und sie zu verbergen. Aufopferung bricht unser Empfangen ab. Geschenke ermutigen uns zu empfangen. Das erzeugt den Strom guter Dinge, die zu uns kommen.

Sieh dir heute deine Probleme, Krankheiten und Versagen an, die alle Formen der Aufopferung sind. Versuche mit Logik oder Intuition die Geschenke zu finden, die sie verbergen. Eröffne diese Geschenke und Talente in dir. Mit einem Geschenk musst du nicht notwendigerweise etwas *tun*. Geschenke sind mühelose Anstrengung und Teil eines natürlichen Flusses. Ein Geschenk wirkt durch dich, anstatt dass du es bewirkst. Der Himmel hat dir alles gegeben. Verbringe jetzt den Tag damit, die Geschenke zu empfangen, die einen solchen Unterschied in deinem Leben und im Leben der Menschen um dich herum machen werden.

66

Was zum Herzensbruch geführt hat

Herzensbruch geht typischerweise mit Aspekten von Naivität und Verleugnung einher. Sie haben zu unseren zerschlagenen Träumen geführt. Alle zerschlagenen Träume sind eine Desillusionierung, die aus unseren Idolen oder falschen Göttern entstehen. Idole weisen auf einen Ort hin, an dem wir versuchen, Glücklichsein oder Sicherheit außerhalb von uns zu bekommen. Idole weisen auf eine große Anhaftung hin. Und wie Buddha sagte: „Anhaftungen führen zu Schmerzen.“ Ohne Idol gibt es keine Anhaftung und ohne Anhaftung gibt es kein Idol. Idole werden durch Anhaftung und Erwartungen aufgebaut.

Welche Idole haben zu deinen Herzensbrüchen geführt? Was hast du zu bekommen versucht? Welche alltägliche Sache wie Liebe oder eine Beziehung hast du zu einem Idol gemacht? Es kann sogar Idole des Herzensbruchs geben, die im Unbewussten verborgen sind. Dort glauben wir, dass ein Herzensbruch uns etwas Wichtiges geben wird, was wir brauchen. Frage, wie viele Idole des Herzensbruchs du hast, und was du als Resultat von ihnen zu bekommen versuchst.

Der Schmerz der Herzensbrüche kann so groß sein, dass wir uns vom Leben, von Beziehungen und von uns selbst zurückziehen. Er kann Muster der Rache, der Schuld, der Unwürdigkeit, des Hasses und des Selbsthasses in uns begründen. Er kann Teufelskreise der Rollen von Opfer-Unabhängigkeit und Aufopferung schaffen. Er kann Angstgeschichten beginnen. All dies geschieht, weil wir keine Verantwortung für das übernommen haben, was passiert ist, und es nicht geheilt haben, denn es war *unser* Fehler, nicht der Fehler eines anderen Menschen. Wenn wir nicht über den Verlust, den Herzensbruch und die Enttäuschung hinwegkommen, können sie sich leicht in Bitterkeit aufgrund von verlorenen Träumen verwandeln und in das Gefühl, unserem Potenzial und unseren eigenen Erwartungen nicht gerecht geworden zu sein. Dennoch gibt es dort, wo Erwartungen herrschen, die Kompensationen für Bedürfnisse sind, immer Enttäuschung und Desillusionierung. Die Bitterkeit, die auftaucht, wenn es so scheint, als ob das Leben und die Liebe an uns vorübergegangen sind, kann sich leicht in Zynismus verwandeln. Wir mögen als „cool" erscheinen, aber verhalten uns in Wirklichkeit nur defensiv. Wir haben unser Herz und unseren Mut verloren, und wir möchten keine Risiken in Bezug auf Liebe, auf Gefühle und auf unser Herz mehr eingehen. Dennoch können wir unsere Naivität, unsere Verleugnung, unsere Herzensbrüche, unsere Bitterkeit und unseren Zynismus zur Auflösung an die Universelle Inspiration übergeben, damit wir „wieder" in den Sattel steigen können, wenn wir Verantwortung für das übernehmen, was mit uns in unserem Leben und unseren Beziehungen geschehen ist.

67

Emotionen als Machtspiel

Emotionen, die nicht für wahre Kommunikation und Heilung eingesetzt werden, sind Teil eines Machtspiels. Sie stellen einen Versuch dar, in einem Wettkampf die Oberhand zu gewinnen. Sie wetteifern um Macht. Sie möchten wieder die Herrschaft gewinnen und setzen dazu emotionale Erpressung ein. Sie prangern die Schuld des anderen an. Dies kann dazu führen, dass dein Partner beginnt, Emotionen zu misstrauen, und insbesondere deinen Emotionen. Wenn eine Emotion auf ehrliche Weise als Teil einer gefühlten Erfahrung aufsteigt und nicht dazu benutzt wird, sich zu trennen oder zu kontrollieren, dann wird ein Partner gebeten, zu helfen oder auf eine solche Weise zu unterstützen, dass er sich selbst besser anstatt schlechter fühlt. Wenn du Emotionen in guter Absicht einsetzt, werden sie zum Teil der Heilung, während sie gefühlt und dann losgelassen werden. Wenn du sie in schlechter Absicht als eine Waffe einsetzt, wird sich dein Partner emotional missbraucht oder als Geisel deiner Emotionen fühlen. Als Folge davon wird dein Partner Widerstand zeigen und schon bald wird sich der Widerstand zu einem Machtkampf verstärken. Du gewinnst vielleicht einige Schlachten, wenn du Emotionen zur Kontrolle einsetzt, aber du wirst den Krieg verlieren. Für deine Reife und deine Effektivität ist es entscheidend, dass du erkennst, dass dich deine Emotionen darauf hinweisen, dass *du* derjenige bist, der sich ändern muss. Wenn du das nicht tust, wirst du nicht nur weniger attraktiv, sondern auch zu einem Teil des Problems werden.

Jede Emotion entsteht durch ein Urteil, und ein Urteil ist eine Fehlwahrnehmung. Deine Urteile loszulassen bedeutet, die Emotionen freizusetzen. Hinter diesen Emotionen herrscht Frieden. Hinter Frieden befindet sich Freude. Verpflichte dich heute dazu, Emotionen auf wahre Weise zu benutzen, damit *du* befreit wirst.

68

Äußerste Vorsicht

Gab es in deiner Kindheit einen Menschen, der dafür gesorgt hat, dass du dich ihm gegenüber äußerst vorsichtig verhalten hast? Entweder war dieser Mensch ein derartiger Tyrann oder emotional so angespannt, dass sich ihm gegenüber alle äußerst vorsichtig verhalten haben, um sich nicht seiner Wut oder seinem Wettern oder seiner emotionalen Kränkung auszusetzen. Es kann sein, dass die Person, die dafür gesorgt hat, dass du dich ihr gegenüber äußerst vorsichtig verhalten hast, sich in so viel Schmerz befunden hat, dass sie nicht einmal bemerkt hat, dass andere sich ihr gegenüber so vorsichtig benommen haben. Das Problem mit einer derartigen Erfahrung ist, dass du dazu neigst, sie zu wiederholen, entweder, indem du so einen Menschen erneut in einem Umfeld hast oder indem du dafür sorgst, dass dich Menschen mit äußerster Vorsicht behandeln. Das geschieht so lange, bis du die Lektion lernst.

Jetzt ist der Zeitpunkt gekommen, um dein Leben unter die Lupe zu nehmen. Schikanierst du mit deinem emotionalen Zustand andere Menschen? Hast du eine Krankheit oder eine Beschwerde, die dafür sorgt, dass sich andere äußerst vorsichtig verhalten, wenn sie in deiner Nähe sind? Falls ja, ist es an der Zeit, dich und die anderen zu befreien. Stell dir vor, dass du dieses Verhalten von dir zum Handelsposten des Himmels bringst. Was erhältst du im Gegenzug dafür, wenn du es eintauschst? Gehe zu der Zeit zurück, als du dich äußerst vorsichtig verhalten musstest. Lass die dunkle Lektion los, die du gelernt hast. Lade die Liebe ein, zu dir zu kommen, und bitte den Himmel darum, die Lektion bereitzustellen, die du anstatt der Überzeugungen lernen solltest, die du damals angenommen hast. Entspanne dich und lasse die Seelenlektion, die du lernen solltest, zu dir kommen. Wenn sie kommt, dann bringst du ihr Licht bis in die Gegenwart. Wenn sie bei dir in der Gegenwart angekommen ist, bringst du sie den ganzen Weg zurück bis zu deiner Empfängnis. Sobald das abgeschlossen ist, bittest du die Göttliche Liebe und Göttliche Gegenwart darum, sie bis zu allen deinen Vorfahren und deinen vergangenen Leben zu bringen, bis sich das vollständig und friedvoll anfühlt und du ein neues Bewusstsein deiner selbst und anderer Menschen hast.

69

Unreifes Verhalten

Wenn du dich unreif verhältst, geschieht das, weil du dich unreif fühlst. Zumindest fühlt sich der Teil von dir unreif, der bestimmt, wie du handelst. Manchmal ist es so, dass ein Zehnjähriger oder ein Siebenjähriger oder ein Dreijähriger den Bus deines Lebens fährt. Dann sorgen wir besser dafür, dass die Bürgersteige geräumt werden, damit keine Passanten überfahren werden. Das Problem ist, dass wir beinahe immer, wenn wir uns unreif verhalten, uns nicht bewusst sind, was wir tun. Wir fühlen uns aber dennoch in unserer Emotion gerechtfertigt. Der Schlüssel liegt darin, uns so schnell wie möglich zu ertappen, wenn wir Schmerzen oder irgendetwas anderes fühlen, das kein Frieden ist. Diese beeinträchtigten Teile bleiben in ihrer emotionalen Entwicklung zurück, weil es eine alte Wunde oder eine Illusion aus der Vergangenheit gibt, die wir nicht überwunden haben.

Wir können uns einfach fragen: Wie alt ist der Teil von mir, der die Schmerzen fühlt? Vielleicht ist es ein Erwachsener. Vielleicht ist es ein Kind oder ein Teenager. Ganz gleich, wie alt der Teil ist, er beginnt, erwachsen zu werden, während wir Liebe in dieses Selbst ergießen und es unsere Liebe empfängt. Wir rufen die Engel zur Hilfe, um Göttliche Liebe zu bringen, damit der Prozess beschleunigt wird. Wenn diese Selbste unser gegenwärtiges Alter erreicht haben, verschmelzen sie wieder mit uns und verbinden Leitungen in unserem Herzen, unserem Geist und unserem Körper. Dies wird uns helfen, uns besser zu fühlen, besser zu denken und uns gesünder zu verhalten. Es ist so ähnlich, als ob wir Leitungen in unserem Haus haben, die durchtrennt und jetzt endlich repariert und wieder angeschlossen worden sind. Das würde ermöglichen, dass alles in unserem Haus so viel besser funktioniert. Sobald diese Leitungen in deinem Bewusstsein wieder verbunden sind, achte darauf, wie du dich fühlst. Wenn du dich nicht im Frieden fühlst, dann gibt es ein weiteres Alter, das mithilfe von Liebe aufwachsen muss.

Frage dich mithilfe deiner Intuition: Wie alt war ich, als die Schmerzen begonnen haben und als das Selbst, das dieses Gefühl verursacht, in seiner Entwicklung stehen geblieben ist? Geh zu diesem Alter zurück und liebe dieses Selbst erneut, bis es dein gegenwärtiges Alter erreicht und wieder mit dir verschmilzt. Achte erneut wieder darauf, wie du dich jetzt fühlst. Wiederhole diese Übung, wenn du dich nicht friedvoll fühlst – wahrscheinlich ist ein weiteres Alter beteiligt. Dieser Heilungsprozess hilft nicht nur jetzt, sondern wird dir außerdem später eine schmerzhafte Reaktion oder ein schmerzvolles Ereignis ersparen.

Dies ist auch eine wunderbare Übung, wenn sich jemand in deiner Umgebung unreif verhält. Du kannst deine Intuition benutzen, um herauszufinden, wie alt dieser Teil in ihm ist, der Teil, der so verwundet ist. Umgib ihn mit deiner Liebe und der Liebe der Engel. Lass ihn zu seinem gegenwärtigen Alter aufwachsen und seine Selbste mit ihm verschmelzen, sodass Vollständigkeit entsteht. Wenn es weitere Male gibt, bei denen die Person sich unreif verhält, kann es sein, dass du das gleiche Alter oder weitere Altersstufen findest, denn während du Fortschritte bei der Vollständigkeit machst, findest du weitere Schichten der alten Probleme. Aber diese werden leicht wieder zur Vollständigkeit zurückgebracht.

Du wirst feststellen, dass du kein Problem damit hast, einem anderen Menschen zu helfen, es sei denn, du verurteilst diesen Teil von dir selbst. Dann bist du aufgerufen, es für euch beide zu tun. Du kannst sogar für dich und andere Menschen zu den schmerzhaften Ausbrüchen aus der Vergangenheit zurückgehen. Während du sie heilst, befreist du dich selbst. Wir sind nur dann in einer schmerzhaften Vergangenheit gefangen, wenn wir das wollen.

70

Was unser Ego beweist

Was unser Ego allein durch seine Existenz zu beweisen versucht, ist, dass es sich aufgrund der Ungerechtigkeit, die es erfahren hat, trennen musste. Das Ego hat das Gefühl, dass es sich trennen und eine eigene Identität schaffen musste, weil es auf unfaire Weise zum Opfer gemacht worden ist. Jetzt benutzt es Unabhängigkeit, um sich vor weiterem Eindringen zu schützen, indem es seinen Kopf durchsetzt. Wir glauben, dass uns das Ego glücklich machen wird, aber sogar dann, wenn wir bekommen, was es will, ist es nie genug. Der Grund dafür ist, dass wir so viele Selbstkonzepte in uns haben, von denen viele Gegensätze sind, sodass auch dann, wenn eine Persönlichkeit das bekommt, was sie will, sich eine andere Persönlichkeit betrogen fühlt. Diese inneren Konflikte sind die Quelle aller unserer äußeren Konflikte.

Das Ego setzt dieses Muster fort, und es ist ungerecht, wenn auch nur unabsichtlich. Der Grund dafür ist, zumindest in seiner eigenen Sicht, die Ungerechtigkeit, die ihm angetan wurde.

Nach Ansicht des Egos gibt ihm vergangener Schmerz einen *Freibrief* dafür, in der Gegenwart zu tun, was immer es will. Seine Willkür wird durch das gerechtfertigt, was ihm geschehen ist und was weiterhin geschieht. Unser Ego baut auf Ungerechtigkeit auf, und unser Körper, den das Ego als sein Zuhause ernannt hat, trägt die Geschichte dieser Ungerechtigkeiten. Alle unsere Probleme sind Beschwerden über Ungerechtigkeiten, die uns von anderen zugefügt wurden – oder zumindest deklariert das Ego es so. Unser Unterbewusstsein ist voller derartiger Beschwerden. Wenn wir etwas tiefer graben würden, könnten wir natürlich feststellen, dass jede Beschwerde ein Ort ist, an dem *wir* nicht bereit waren zu helfen. Unsere Beschwerden zeigen, dass wir als Teil unserer Lebensaufgabe und im Rahmen unseres Versprechens hätten helfen können. Unser Ego ist nicht nur auf Ungerechtigkeit, sondern auch auf Schuld und auf Ungerechtigkeit gegenüber anderen Menschen aufgebaut.

Auf der tiefsten Ebene ist die gesamte Ungerechtigkeit, unter der wir unserer Meinung nach gelitten haben, eine Beschwerde gegen Gott, bei der wir ihm genau die Dinge zuschreiben, die wir getan oder nicht getan haben. Unsere Ungerechtigkeit hat unterbewusste und unbewusste Gewinne. Wir geben anderen immer in dem Versuch die Schuld, unsere eigenen Schuldgefühle zu verbergen. Schuldgefühle und Anschuldigung bedeutet, dass wir keine Verantwortung für uns selbst übernehmen. Wir greifen andere und uns selbst an, aber das verstärkt die Schuldgefühle nur. All das projizieren wir nach außen, wodurch die Welt, die wir zuerst als unseren Spielplatz angesehen haben, zu einem düsteren Ort wird, den wir nur dazu benutzt haben, die Ungerechtigkeit zu beweisen, die uns angetan worden ist und uns immer noch angetan wird.

In *Ein Kurs in Wundern* heißt es, dass du Gott vergeben musst, wenn du Millionen von Menschen helfen möchtest. Dies öffnet den Kanal für Gott, damit Seine Liebe zu dir kommen kann. Es entfernt eine weitere Anklage gegen Gott und ermöglicht, dass mehr von Seiner Göttlichen Liebe und Seinen Wundern die Welt erreichen kann.

Jedes Mal, wenn ein Partner uns nahe kommen möchte, tischt das Ego alte Ungerechtigkeiten als Schutz für sich selbst auf. Auf der anderen Seite besteht der Zweck des Höheren Selbst darin, die alte Ungerechtigkeit zur Heilung einzusetzen. Es sieht Ungerechtigkeit und seine Emotionen, die sich in einem neuen Problem zeigen, als ein Mittel an, das zu heilen, was an die Oberfläche gekommen ist und uns im Weg steht. Während du die Negativität heilst, die in der Tat eine unerledigte Angelegenheit aus der Vergangenheit ist, lässt du mehr Verbundenheit und Liebe in deiner Beziehung zu. Dazu ist die Beziehung gedacht: um dich zu motivieren, über die Vergangenheit und die Lügen, die du dir ausgedacht hast, hinwegzukommen, damit du den Erfolg und die Intimität genießen kannst, die du verdienst.

Deine Ungerechtigkeit ist eine Methode, um dich vor deiner Größe zu verstecken. Größe berichtigt alle Ungerechtigkeit und beginnt mit der Ungerechtigkeit, die du dir selbst antust. Damit es dir besser geht, musst du dich ändern, denn sonst wirst du keine Verantwortung übernehmen und weiter über all das Pech und die schlechten Dinge klagen, die dir und anderen geschehen. Stattdessen könntest du dich selbst und andere ermächtigen und so das Glücklichsein für dich und andere willkommen heißen.

71

Jeder Verlust

Jeder Verlust signalisiert einen Ort verlorener Verbundenheit. Wenn ein Verlust auftritt, fühlen wir Traurigkeit, Angst, Bedürftigkeit, Schuldgefühle, Unzulänglichkeit und Widerstand. Es gibt einige Prinzipien, die einem Verlust zugrunde liegen, sei es ein Verlust durch einen Todesfall oder durch das Ende einer Beziehung. Wenn ein Verlust der Verbundenheit geschieht, haben wir ein gespaltenes Bewusstsein. Dadurch setzt sich die Angst fest, weil jede Seite des Bewusstseins um ihre Bedürfnisse kämpft und es unmöglich ist, die Bedürfnisse zweier gegensätzlicher Seiten des Bewusstseins zu erfüllen. Eine Seite will Liebe und Erfolg und alles, was verbindet. Die andere Seite will Freiheit, aber sie wünscht sich diese auf die irrtümliche Weise des Egos: durch dissoziierte Unabhängigkeit. Das Ego schlägt verschiedene Wege vor, um mit diesem gespaltenen Bewusstsein umzugehen: uns selbst antreiben, Forderungen und Erwartungen stellen, sich zu sehr anstrengen, ein Perfektionist sein und sogar aufgeben. Egostrategien erzeugen nur Stress, den das Ego dann benutzt, um seine eigene Wichtigkeit hervorzuheben und zu beweisen, dass es unmöglich ist, das Ziel der Liebe und des Erfolgs zu erreichen. Das Ego versucht zu beweisen, dass Verbundenheit nicht funktioniert, denn wenn wir Erfolg hätten, würde Verbundenheit erneut geschehen und dann würde das Ego einen Teil von sich verlieren, während wir uns wieder verbinden.

Wenn wir schließlich loslassen, bewegen wir uns erneut vorwärts. Aber wenn noch ein Teil von uns festhält, sind wir in der Vergangenheit gefangen und stecken in diesem Ausmaß auch fest. Wenn wir loslassen, wird etwas Besseres kommen, um den Platz des Alten einzunehmen.

Bei jedem Verlust benutzen alle vergangenen Verluste, die wir jemals erlebt haben, den aktuellen Verlust als einen Weg, um selbst losgelassen zu werden.

Ein derartiger Versuch ist eine Art Ausbruch aus dem Gefängnis. Bei einem einzigen Loch in der Gefängnismauer springen allen anderen Gefangenen auf, um ebenfalls zu entkommen.

Wir können sogar die wahrhaftigste Sache, z.B. einen geliebten Partner, zu einem Idol machen. Das Leiden, dass wir bei einem Verlust durchmachen, ist nicht nur der Verlust einer Anhaftung, es ist der Verlust eines Idols. Jeder Verlust, den wir erleben, ist eine Botschaft, dass das, an dem wir uns festgehalten haben, uns nicht erhalten konnte. Nur Gott als Liebe wird uns wahrlich erhalten. Der Rest wird losgelassen, während wir Fortschritte machen und uns weiterentwickeln.

Das bedeutet nicht, dass wir alles verlieren werden – nur unsere Anhaftung an Dinge. Je mehr Schmerz wir erleiden, umso mehr haben wir jemand oder etwas zu einem Idol gemacht. Wenn ein Verlust geschieht und ein Idol damit verbunden war, streben wir entweder danach, dass ein neues Idol seinen Platz einnimmt, werden deprimiert über den Verlust, dissoziieren und entscheiden uns für Unabhängigkeit (sodass wir erst später mit dem Verlust umgehen müssen) oder wir wenden uns der Liebe Gottes in unserem Inneren zu.

Denke darüber nach, wo du leidest oder gelitten hast. Welche der oben genannten Alternativen hast du gewählt? Für welche Alternative möchtest du dich jetzt entscheiden?

72

Die Verluste, die wir nicht überwinden

Die Verluste, die wir nicht überwinden, sorgen dafür, dass wir uns vom Leben abwenden. Wir beginnen, uns in Richtung Tod aufzumachen. Es gibt einen natürlichen Trauerprozess, denn wir alle durchmachen, aber wie schnell wir ihn durchlaufen, liegt bei uns. Es könnte sich um reine Sekunden handeln, wenn wir derart tiefgreifend loslassen oder zulassen würden, dass der Verlust durch Gnade ersetzt wird. Aller Verlust soll einer Neugeburt auf einer höheren Ebene dienen. Verlust ist Traurigkeit, doch das Trauern um den Verlust bringt uns zu einem Neuanfang. Wenn wir jedoch nicht vollständig loslassen, bringt es uns nicht zum Glücklichsein. Unter dem Festhalten haben wir in diesem Fall Angst, dass wir nicht genügen, um mit der neuen Ebene umzugehen.

Die Verluste, die wir nicht überwinden, sind in Wahrheit ein Wutanfall. Wir wollen, was wir wollen! Wir bekommen es nicht, und deshalb weigert sich ein Teil von uns, weiterzumachen. Gleichzeitig weigern wir uns, den Schmerz und die Traurigkeit aufzugeben. Als Folge davon entfaltet sich unser Leben in diesem Bereich nicht und geht nicht weiter. Manchmal ist es so, dass unser *gesamtes Leben* sich nicht entfaltet und nicht weitergeht. Unser Wutanfall verbirgt natürlich Angst, insbesondere Angst davor, dass die Liebe endgültig verloren wurde oder dass die Person wie bei einem Todesfall uns auf ewig verloren gegangen ist. Aber wenn wir jemand loslassen, erfahren wir paradoxerweise seine Liebe, weil das Anhaften uns nicht mehr länger dabei blockiert, diese Liebe zu empfangen. Sobald das Anhaften losgelassen wird, verhindert es nicht länger die Fülle der Liebe, die uns gegeben worden ist. Wir sind dann offen für eine neue und bessere Beziehung, weil wir die Vergangenheit losgelassen haben und unser Herz wieder offen ist.

73

Jede Überzeugung

Schau dir die Welt an. Was denkst du darüber? Wie fühlt sich die Welt für dich an? Mach dir jetzt ein paar Notizen dazu. Du kannst auch aufschreiben, was du darüber denkst. Es wird dir beim Lernen helfen. Wie ist es mit dem Leben? Was denkst du über das Leben, über die positiven und die negativen Aspekte? Schreibe sowohl die negativen als auch die positiven Aspekte über deine Mutter, deinen Vater, deine Geschwister, deinen Partner, wichtige Ex-Partner, deine Kinder, Menschen, die für dich ein Problem dargestellt haben, einige deiner Freunde und einige deiner Kollegen auf. Notiere ein paar Kommentare für jede Person.

Die Natur der Wahrnehmung ist so, dass wir durch das Glas unserer eigenen Selbstkonzepte schauen. Oder wie ich zu sagen pflegte: „Wir bevölkern die Welt mit Überzeugungen über uns selbst. Wir bevölkern die Welt mit unserer Vergangenheit." Eine Überzeugung über *irgendetwas* ist eine Überzeugung über dich selbst. Sie kann bewusst oder unterbewusst sein. Diese Überzeugungen können etwas sein, was du seit deiner Zeugung aufgenommen hast. Sie können sogar unbewusst sein und von deinen Vorfahren weitergegeben oder in anderen Leben entstanden und bei deiner Geburt auf Seelenebene mit in dein Leben gebracht worden sein. Überzeugungen programmieren die Filme, die unser Leben ausmachen.

Eine Überzeugung kann ganz einfach losgelassen werden. Du entscheidest dich einfach dafür, nicht weiter in sie zu investieren. Aber du könntest dich fragen, wie viele Überzeugungen du in bestimmter Hinsicht über dich selbst hast. Deine Gedanken programmieren dein Leben, und deine Überzeugungen sind fortlaufende Gedanken. Du kannst den Himmel bitten, diese statischen Gedanken durch die Wahrheit zu ersetzen. Wenn du negative Überzeugung über irgendetwas oder irgendjemand findest, zeigt das die Schattenfiguren, die du in dir vergraben hast.

Auch wenn du sie typischerweise gut versteckt und sogar gut für sie kompensiert hast, bestrafst du dich dennoch für deine Überzeugungen über dich selbst. Dies ist ein guter Grund, dem Urteilen abzuschwören! Wenn das Urteilen auch deine Schuldgefühle zu kompensieren scheint, gibt es dir ein Gefühl der Überlegenheit über das, was du verurteilt hast, und es trennt dich. Es sorgt dafür, dass du in Fusion steckenbleibst und das, was du verurteilt hast, *so wie du es verurteilt hast*, bestehen bleibt. Wenn du dich selbst bei einer positiven Rolle über einem Schatten ertappst, die diesen Schatten versteckt und dafür kompensiert, könntest du dich entscheiden, sie in Frieden und Ganzheit zu integrieren.

Alle Überzeugungen sind Entscheidungen und halten wie deine Gedanken die Trennung aufrecht. Sogar positive Überzeugungen sind Wände, die durch Liebe ersetzt werden könnten. Das Licht jenseits der Überzeugungen ist voller Freude, und während du Überzeugungen und Glaubenssysteme loslässt, wirst du auch offener für Gnade und Führung.

Bevor du mit deiner Schnitzeljagd nach Überzeugungen beginnst, erinnere dich daran, dass *Wahrnehmung* durch die Projektion von Überzeugungen entsteht, die Selbstkonzepte sind. Schau dir einige andere Kategorien an, die wichtige Überzeugungen und Selbstkonzepte enthalten. Was denkst du über Geld, Gesundheit, den Körper, Altern, Erfolg, Sex, Glücklichsein, wahre Liebe, Beziehungen, Familie, Kinder, deine Fähigkeiten, dein Potenzial, wie dein Leben verlaufen ist, deine Arbeit, deinen Beruf und deine Karriere?

Wenn dir deine Überzeugungen nicht gefallen, dann triff neue, bessere Entscheidungen. Alle Überzeugungen sind Methoden, mit denen wir uns und das Leben definieren wollen. Unsere Identität ist das Kostbarste für uns. Das zeigt sich darin, wie sehr wir unser Ego und seine Besonderheit verteidigen. Aber diese Abwehr baut auf Schmerz, Verlust, Angst, Schuld, Widerstand und Gefühlen der Unzulänglichkeit auf. Während du dich weiterentwickelst, kannst du einen Ort erreichen, an dem du „niemand Besonderes" bist. Das ist das Bewusstsein der Meister. Oder du kannst sogar Erleuchtung erreichen, was die Erkenntnis ist, dass du eine „absolute Null" bist.

Unser Ego wurde erschaffen, um uns beim Navigieren in der Welt zu helfen. Im Alter von neunzehn Jahren ist es uns jedoch in dieser Hinsicht nicht weiter nützlich. Aber ich weiß von keinem Ego, das sich in diesem Alter von selbst ergeben hat. Sobald das Ego die Kontrolle bekommen hat, hat es sie in dem Wunsch nach Beherrschung behalten.

Überzeugungen, die Gegensätze darstellen, liegen miteinander im Wettstreit und verursachen Konflikte. Es gibt Tausende solcher Konflikte, die uns Angst und Stress verursachen. Wenn entgegengesetzte, im Widerspruch stehende Überzeugungen jedoch integriert werden, entsteht eine neue Ganzheit und eine neue Wahrheit.

Du könntest anfangen, Überzeugungen zu entdecken, die du bezüglich deiner Probleme, Konflikte und Schattenfiguren hast, die du in der Welt siehst, und sie dann loszulassen. Während du diese Überzeugungen loslässt, lade Liebe und Göttliche Liebe ein, und bitte darum, die dunklen Lektionen und irrtümlichen Entscheidungen, die du getroffen hast, durch Lektionen des Lichts zu ersetzen. Du kannst dieses Loslassen hinsichtlich deiner negativen Überzeugungen in allen wichtigen Bereichen deines Lebens tun. Wenn das abgeschlossen ist, könntest du dich sogar entscheiden, deine positiven Überzeugungen loszulassen, weil das Licht *dahinter* so viel besser ist als die Fassade des Glanzes, die du bisher gesehen hast. Hab einen wunderbaren Tag des Loslassens!

74

Warum du deinen Eltern immer noch die Vergangenheit nachträgst

Wähle zuerst drei Zahlen zwischen eins und sechsundreißig. Achte besonders auf die Zahlen, die du gewählt hast, während du diese Liste liest:

1. Du lebst ein Leben der Rache.
2. Du brauchst eine gute Ausrede für dein Leben.
3. Die Vergangenheit ist vorüber. Du benutzt sie, um einen bestimmten Gewinn daraus zu ziehen.
4. Du hast eine Schwäche oder eine Sicht, die du damit rechtfertigst, wie sich deine Eltern verhalten haben.
5. Du hast ein Muster von Herzensbruch und Rache.
6. In dem Ausmaß, wie du deinen Eltern die Vergangenheit nachträgst, hast du Hass in dir, aber das befreit dich nicht von Selbsthass. Es verbirgt ihn nur.
7. Du hast die Vergangenheit benutzt, um unabhängig zu werden.
8. Du hegst einen Groll, der ein altes Bedürfnis rechtfertigt, an dem du dich festhältst. Du hast einen Zwiespalt hinsichtlich der Erfüllung des Bedürfnisses, weil du Angst hast, dass durch die Verbundenheit, die entsteht, wenn ein Bedürfnis erfüllt wird, die Unabhängigkeit verloren geht, die der geheime Wunsch hinter jedem Trauma ist.
9. Du kannst deine Angst davor verbergen, dich zu zeigen, deine Lebensaufgabe zu erfüllen und deine Bestimmung anzunehmen. Du hast Angst vor dir und deiner Größe.
10. Du hast Angst vor dem nächsten Schritt bezüglich von Intimität und Erfolg.

11. Du möchtest immer noch Kontrolle haben, beschwerst dich jedoch darüber, kein Selbstvertrauen zu haben. Du benutzt die Vergangenheit, um deinen Kopf durchzusetzen.
12. Es erlaubt dir, besonders zu sein.
13. Du musst der Führung nicht folgen.
14. Du kannst die Identität behalten, die du für dich geschaffen hast, statt diejenige Identität zu akzeptieren, die Gott dir bei der Schöpfung gegeben hat. Du erkennst dabei nicht, dass die Identität, die du geschaffen hast, auf Schmerz, Angst, Widerstand und Unzulänglichkeit beruht.
15. Du benutzt die Vergangenheit, um dein Versagen dabei zu verbergen, deine Eltern zu retten, was nur du durch deine Geschenke und die Gnade und die Wunder des Himmels hättest tun können.
16. Du kompensierst deine Schuldgefühle darüber, dich von deinen Eltern getrennt zu haben, indem du sie anklagst.
17. Dein Urteil ist eine Form der Konkurrenz mit deinen Eltern. Du benutzt es, um zu beweisen, dass du der bessere Mensch bist.
18. Du hast deine Eltern missachtet und tust das immer noch. Das erlaubt dir, deine eigene Sache zu machen, anstatt sie einzubeziehen.
19. Dein Ego hat dir eingeredet, dass du Angriffen entkommst, wenn du deine Eltern angreifst. Dein Ego lügt so viel!
20. Du erscheinst als ein guter Mensch, aber es ist nur eine Rolle, die dein Urteil verdeckt.
21. Du kannst deine Eltern als deine persönlichen Sündenböcke benutzen, um zu verstecken, dass du ihnen nicht geholfen hast.
22. Du versteckst genau die Geschenke, die du mitgebracht hast, um ihnen zu helfen; du versteckst dich aufgrund von Schüchternheit.
23. Du benutzt deine Eltern als Ausrede, um deine Hartherzigkeit zu verbergen.
24. Du benutzt deine Eltern als Ausrede, um deinen Geiz zu verbergen.
25. Du trägst deinen Eltern die Vergangenheit nach, weil es dir ein Gefühl von Unterlegenheit gibt, sodass du deine Bestimmung nicht anzunehmen brauchst.
26. Du benutzt die Vergangenheit, um deine Überzeugungen über dich selbst zu verstecken.
27. Du benutzt die Vergangenheit, um Gott anzuklagen und zu bekämpfen.

28. Du benutzt die Vergangenheit, um dir selbst Recht zu geben.
29. Du fütterst dunklen Glamour und das Bedürfnis nach Aufmerksamkeit durch deine dunkle Geschichte.
30. Du benutzt deine Kindheit, um Verantwortung von dir zu weisen.
31. Du benutzt deine Kindheit, um an der Welt festzuhalten, weil du Angst vor der Liebe Gottes hast.
32. Du benutzt deine Eltern, um deinen Wutanfall und deine schlechte Einstellung zu verbergen.
33. Du benutzt die Vergangenheit, um zu leugnen, dass du das Drehbuch geschrieben hast, um einen bestimmten Gewinn zu erzielen.
34. Du benutzt die Vergangenheit um zu leugnen, dass alles ein Traum ist und du der Träumer bist.
35. Du darfst den Film schreiben, in dem du der Held bist, der es gegen jede Chance trotz der Hindernisse, die deine Eltern darstellten, geschafft hat.
36. Der Grund dafür ist dein Autoritätskonflikt mit dem Himmel.

Wenn du mit den Überzeugungen deiner Zahlen nicht zufrieden bist, dann lass sie los und bitte darum, dass sie durch Gnade ersetzt werden.

75

Wenn du jemand ins Unrecht setzt

Wenn du jemand ins Unrecht setzt, fühlst du dich schlecht, weil du geurteilt hast. Dies verstärkt die versteckten Schuldgefühle in deinem Innern, die dazu geführt haben, dass du geurteilt hast. Wenn du jemand ins Unrecht setzt, trennst du dich von diesem Menschen. Urteil und Trennung sind die zwei großen Ursachen des Schmerzes, nicht nur in deinem Leben, sondern in der Welt. Urteil und Trennung verbergen beide die Schuldgefühle und die Angst, die geheilt werden müssen und die mehr Schuldgefühle und Angst erzeugen.

Aus der Untersuchung des Unterbewusstseins ist offensichtlich, dass Menschen, die andere ins Unrecht setzen, selbst das Gefühl haben, Unrecht zu haben. Und sogar wenn sie auf alltäglicher Ebene recht haben, haben sie mit ihrer Wahrnehmung des anderen Menschen unrecht, weil es mehr über denjenigen sagt, der urteilt, als denjenigen, der verurteilt wird.

Sogar Menschen, denen dieses Prinzip bekannt ist, fallen darauf herein, andere ins Unrecht zu setzen, auch wenn sie normalerweise schnell wieder zu Verstand kommen und das sich entwickelnde Drama beenden. Sie wissen, dass es eine Chance gibt, die verborgene Schuld zu finden, sobald sie über ihr Urteil hinwegkommen. Sie machen sich vollständiger und werden als Resultat unschuldiger. Und es gibt weniger Leiden in der Welt.

Und so weißt du, dass du einem anderen Menschen und dir selbst vollkommen vergeben hast: Du fühlst Liebe und Intimität. „Ich werde mich dafür nicht verurteilen", sind Worte der Vergebung und Selbstvergebung, die uns befreien. Diese Worte gehören zu meinen Lieblingsworten der Macht aus *Ein Kurs in Wundern*. Es gibt noch eine andere Methode, die mir gefällt. Stell dir vor, dass du die andere Person immer näher bringst, bis du sie so nahe bei dir fühlst, dass sie in dir, in deinem Herzen und eins mit dir ist. Du musst möglicherweise mehrmals während dieser Übung vergeben, wenn es sich um ein starkes, schulderfülltes Muster des Urteilens handelt. Diese Übung ist für jede Beziehung sehr nützlich. Es werden Dinge zwischen dir und anderen Menschen auftreten, die verborgene Teile deines Bewusstseins spiegeln. Du brauchst die Selbstgerechtigkeit deines Egos und seine Verleugnung von Schuldgefühlen nicht zu fördern und so eine Beziehung zu verlieren. Du kannst lernen, dich selbst zu heilen, und selbst ein guter Partner werden, damit du gute Partner um dich herum hast. Erfolg oder Niederlage beginnt wirklich bei dir.

76

Konsumverhalten und Geiz

Wir denken bezüglich von Beziehungen nicht häufig an Konsumverhalten, aber Anziehung hat ihre Grundlage im Konsumverhalten. Das ist keine schlechte Sache. Wir fangen alle an diesem Punkt an. Es kommt jedoch eine Zeit, in der es wichtig ist, dass wir erwachsen werden und erkennen, dass unser Glücklichsein aus dem entsteht, was wir unserem Partner *geben*, und nicht aus dem, was wir von ihm bekommen. Es dehnt unser Herz und unsere Liebesfähigkeit aus. Es öffnet den Herz-Verstand der Kreativität.

Geiz ist ein Mangel an Bewusstsein für die Menschen um uns herum. Wir sind so in unserem Gefühl der Entbehrung gefangen, dass wir glauben, ums Überleben zu kämpfen, und dass wir uns um uns selbst kümmern müssen. Dann werden wir fordernd und versuchen, von anderen zu bekommen, was wir weder uns noch anderen geben. Dies hält uns in Besonderheit gefangen und beendet unsere Fähigkeit zum Lernen. Wir werden selbstgerecht und blind, und es werden keine Brücken gebaut, sondern nur Beschwerden geäußert. Wir rechtfertigen unsere Position damit, wie wir uns fühlen, und erkennen nicht, dass unsere Gefühle durch unsere Entscheidungen bestimmt werden. Wir glauben, dass Geiz „cool" ist, es sei denn natürlich, dass wir uns so sehr beschweren, dass wir uns in einem Wutanfall befinden.

In Unabhängigkeit verhalten wir uns geizig, und das hält uns in der Aufopferung fest. Jedes Mal, wenn wir viel für andere tun, aber uns selbst nicht geben, befinden wir uns in Aufopferung. Dennoch ist Aufopferung eine Form von Geiz. Sie bedeutet, dass wir durch unseren Geiz und durch das, was wir jetzt nicht geben, nicht empfangen können. Das ist Karma, das daraus entsteht, nicht genügend geliebt zu werden, und es kann leicht durch Geben und offenherzige Großzügigkeit losgelassen werden. Viele Menschen beschweren sich, dass sie sich so schlecht fühlen, dass sie nichts zu geben haben. Aber an dieser Stelle greift der Himmel ein. Er ermöglicht uns, offenherzig zu sein, auch wenn wir uns im Innern nicht so fühlen. Wir können um die Hilfe und die Freigiebigkeit des Himmels bitten. Wir können die Geschenke und die Liebe des Himmels durch uns zu anderen fließen lassen.

In dem Ausmaß, in dem wir konsumieren, versuchen wir zu bekommen, anstatt zu geben. So sind Konsumverhalten und Geiz miteinander verbunden. Wir füttern unser Ego, anstatt uns selbst durch unser Geben und Empfangen zu erfüllen. Wir entdecken in unserem Geben, wer wir sind. Wir entdecken in unserem Empfangen, wer andere sind. Konsumverhalten und Geiz sind unentwirrbar miteinander verbunden und wir an sie gebunden, bis wir einen besseren Weg sehen. *Ein Kurs in Wundern* beschreibt Gott als das, was allen alles gibt. Und *Ein Kurs in Wundern* ermahnt uns, wie Gott zu sein und ebenfalls allen alles zu geben.

Frag dich, wie sehr du ein Konsumierer bist. In diesem Ausmaß gibst du dich nicht selbst. Untersuche Situationen, in denen du selbst müde, krank oder aufgebracht bist. Wie sehr dreht sich dann alles um dich, und wie unbewusst wirst du dir der Bedürfnisse und Gefühle der Menschen um dich herum? Der Zeitpunkt ist gekommen, um dafür vollständige Verantwortung zu übernehmen und es dann sofort zur Auflösung an den Himmel zu übergeben. Deine Verpflichtung, anderen zu geben und zu helfen, macht einen riesigen Unterschied bei der Entfaltung deines eigenen Aufstiegs zum Glücklichsein.

77

Der Eisberg des Egos

Wenn du dir einen Eisberg ansiehst, kann die Spitze, die aus dem Wasser ragt, so groß wie ein Schiff oder eine Reihe von Schiffen sein. Der Teil, der sich unter Wasser befindet, kann jedoch leicht das Zwanzig- bis Achtzigfache der Größe des sichtbaren Teils haben. Und so ist es auch mit unserem Bewusstsein. Es besteht aus unserem bewussten Verstand, unserem Unterbewusstsein, das alles seit unserer Zeugung enthält, sowie unserem unbewussten oder Seelenbewusstsein, das Muster der Vorfahren und aus vergangenen Leben enthält. Das ist es, wer wir zu sein glauben, eine Identität, die wir aus den Leben der Vorfahren und „vergangenen Leben" in dieses Leben mitgebracht haben. Dies ist unser persönliches Unbewusstes.

Wir verbringen unser ganzes Leben damit, eine Identität aufzubauen, um in der Welt zu navigieren. Wir sind jedoch in Wirklichkeit gekommen, um die dunklen Lektionen zu verlernen, die das Ego und seine Trennung erschaffen haben. Daher werden wir stattdessen die Lektion der Liebe lernen, welche die Angst hinwegschmilzt, die uns als einen gefrorenen Eisberg im Ozean der Liebe hält. Unser verborgenes Bewusstsein, das Unterbewusstsein aus diesem Leben und das Unbewusste aus Zeiten davor, sind so viel größer als unser bewusster Verstand. Was sich nach unserer Ansicht abspielt, ist nur ein kleiner Teil dessen, was wirklich abläuft, denn wir verstecken unsere irrtümlichen Entscheidungen vor uns selbst. Wir tun das, weil wir die Identität nicht ändern wollen, die wir für uns selbst geschaffen haben. Das ist, was wir tun, auch wenn unser positives Verhalten reine Kompensation für unsere negativen Überzeugungen und Gefühle über uns selbst darstellt. Der Himmel hält keine dunklen Lektionen für uns bereit. Er will nicht, dass wir in irgendeiner Weise leiden. Es gibt einen leichteren Weg, unsere Seelenlektionen zu lernen, wenn wir nur darum bitten, dass uns der Weg gezeigt wird.

Der Eisberg, den wir aufgebaut haben, ist auf Ungerechtigkeit, Schmerz und Schuldgefühlen begründet. Er wurde von uns als Folge davon aufgebaut, ein Opfer zu sein, um nach Trennung und Unabhängigkeit zu streben. Und diese beiden Rollen von Opfer und Unabhängigkeit bleiben durch Schuldgefühle und Aufopferung in uns gefangen. Das Ego benutzt Fusion in dem Versuch, die verlorene Verbundenheit zu ersetzen, weil wir die Einsamkeit nicht ertragen können, die aus der Trennung entsteht. Mit Fusion erhalten wir zumindest eine Kopie der Liebe und sterben nicht an äußerster Einsamkeit.

Der Sinn des Lebens besteht darin, unseren Eisberg der Identität (das, was wir zu sein glauben) wieder mit dem Ozean der Liebe zu verschmelzen, damit wir uns nicht nur als jemand kennen, der vor Angst eingefroren ist, sondern als den Ozean selbst. Heilung lässt uns schmelzen, sodass es weniger von uns und mehr vom Himmel gibt, damit unser Leben diese Schönheit dann spiegelt. Unser Eisberg unter Wasser sind die Orte, an denen wir keine Verantwortung für die Ereignisse in unserem Leben und unserer Vergangenheit übernommen haben. Wir haben andere für unsere Situation und das, was mit uns passiert ist, beschuldigt. Das verbirgt die Schuld dafür, andere, die unsere Hilfe gebraucht haben, als eine Ausrede zur Trennung zu benutzen. Anschließend benutzen wir unsere Schuld, um die Identität einzumauern. Wir malen dann ein positives Gesicht über das Negative, um diese Schuldgefühle und das Versagen, das wir im Innern fühlen, zu kompensieren. Das ist es, was eine Rolle ist und macht, um das Negative zu verstecken. Deshalb sind Rollen eine Abwehr, die uns nicht erlaubt zu empfangen, denn das sogenannte Positive ist in Wirklichkeit ein Abwehrmechanismus. Wenn wir nicht so viel Angst davor hätten, unser Licht erstrahlen zu lassen, dann hätten wir die Seelengeschenke geöffnet, die wir zur Rettung der Situation hätten einsetzen können.

Sobald wir damit beginnen, Verantwortung für unser Leben zu übernehmen, können wir es ändern. Bis wir das tun, sind wir immer davon abhängig, dass sich die anderen oder die Situation für uns ändern. Ich wünsche dir viel Glück dabei! Dies bringt uns in einen Versuch, die Situation zu kontrollieren, um uns durchzusetzen. Dadurch entsteht auch Bedürftigkeit. Wir alle versuchen, etwas außerhalb von uns zu konsumieren, um uns glücklich zu machen.

Derartiges Glücklichsein ist nur vorübergehend, wenn es erreicht wird. Bedürfnisse, Schwäche, Kontrolle, Angst und Konsumverhalten sind alle Teile der Methode des Egos, sich aufzubauen. Während wir den Eisberg hinwegschmelzen, kommen wir an einen Punkt, an dem wir unseren Vertrag mit dem Ego zum Sterben auflösen. Wir beginnen, uns als mehr als nur unseren Körper zu erkennen. Der Körper ist einfach unser Lernvehikel. Es gibt einen anderen Weg, um auszudrücken, dass wir uns selbst als Liebe und als Geist kennen, weil wir von einem ganzen Ozean der Liebe unterstützt werden und Teil davon sind.

Der Schlüssel liegt darin, die Verantwortung für alles zu übernehmen, was wir sehen, weil das, was wir sehen, unser tieferes Bewusstsein spiegelt. Es spiegelt das, was wir zu heilen gekommen sind. Was wir außerhalb von uns sehen, spiegelt das, was wir in uns verurteilt und abgespalten haben. Deshalb ist Vergebung für uns bestimmt. Sie befreit uns von verborgener Schuld und entfernt das Urteil, das wir anderen auferlegt haben. Jedes Mal, wenn wir einen Groll hegen, oder jedes Mal, wenn wir uns nicht auf der gleichen Seite wie ein anderer Mensch sehen, sind wir aufgerufen, unsere Wahrnehmung zu korrigieren.

Die Welt wird uns weiterhin unsere Lektionen bringen. Wenn wir sie bekämpfen und uns weigern, sie zu lernen, neigen sie dazu, sich anzuhäufen. Dann wird unser Leben schwerer und weniger erfolgreich. Wenn wir sie verleugnen, schickt das Leben einen größeren Hammer, um unsere Schale aufzubrechen, und dies kann immer schmerzhafter werden. Wir wollen uns mit Freuden schmelzen lassen. Lasst uns alles heilen, damit wir erkennen, dass es keine Bösewichter gibt, nicht einmal uns, denn wenn es sogar nur einen Bösewicht gibt, dann fühlen wir uns im Innern wie ein Bösewicht.

Möchtest du den Eisberg der Identität oder den Ozean des Seins? Möchtest du Angst und Schuldgefühle oder Liebe und Unschuld haben? Wenn wir Liebe zum wichtigsten aller Dinge machen und wir alle anderen mit Liebe in unserem Herzen halten können, dann wissen wir, dass wir auf dem Weg zum Himmel auf Erden sind und zum Himmel, der reine Liebe ist.

78

Du wirst nur unter einem Umstand enttäuscht

Der einzige Umstand, unter dem du enttäuscht wirst, ist, wenn du dich nicht vollständig gegeben hast. Enttäuschung kann zu Desillusionierung und zerschlagenen Träumen führen. Wenn das passiert, suchen wir immer noch außerhalb von uns nach Glücklichsein. Wir machen immer noch den größten Fehler, den es gibt, im Leben und in Beziehungen – wir erwarten, dass unser Glücklichsein durch jemand oder etwas außerhalb von uns zustande kommt. In der Tat zeigt jede Emotion, dass wir von etwas oder jemand außerhalb von uns erwarten, das Leben für uns besser zu machen.

Wenn du enttäuscht oder frustriert bist, gibst du dir selbst oder einem anderen Menschen nicht. Glücklichsein entsteht dadurch, dass wir lernen, zu teilen und zu lieben. Glücklichsein entsteht als eine Folge davon. Je mehr wir geben, umso glücklicher sind wir und umso erfolgreicher sind wir im Leben und in Beziehungen. Wenn wir uns in Aufopferung befinden, geben wir uns selbst nicht vollständig. Wenn wir uns verletzt oder enttäuscht fühlen, geben wir entweder nicht, oder wir geben, um zu nehmen. Die Entscheidung zum Geben macht einen Riesenunterschied. Geben und Vergeben verbindet uns dort wieder, wo es Trennung gegeben hat. Wir können unsere Verluste, unsere Enttäuschung und unsere Depressionen dazu benutzen, uns zu zeigen, wo wir daran anhaften, etwas außerhalb von uns zu bekommen, anstatt zu geben. Wenn wir geben, gibt es kein Festhalten, kein Bedauern und kein Gefühl des Verlusts. Es gibt einfach eine Geburtserfahrung, den Anfang eines neuen Kapitels und das Anführen des Wegs nach vorn.

Dein Urteil ist Teil jeder dunklen Emotion. Es führt dazu, dass du und andere leiden – denn du hörst ihre Hilferufe nicht. Geben ist wie die Liebe eine Entscheidung. Es ist wie die Entscheidung zwischen Himmel und Hölle, wie *Ein Kurs in Wundern* erklärt, und spielt sich in jedem Augenblick ab. Wenn du das Gefühl hast, festzuhalten oder mit dem enttäuscht zu sein, was du empfangen hast, dann hast du ein gespaltenes Bewusstsein. Du hast einen Zwiespalt zwischen zu haben, was du willst, und unabhängig zu sein. Dabei gewinnt deine Unabhängigkeit. Wir geben bereitwillig anderen die Schuld für das, was unserer Meinung nach fehlt oder was uns Schmerzen bereitet. All das wird jedoch durch uns verursacht. Wenn wir alles geben, heilt es das gespaltene Bewusstsein und lässt keinen Raum für Depression oder Verlust. Wenn du dich also nicht zu 100 % glücklich fühlst, dann gibst du weniger als 100 %. Du könntest dich für den Himmel entscheiden und alles geben. Du bist für das, was du fühlst, verantwortlich und du kannst es jederzeit zum Besseren wenden, indem du alles gibst.

79

Selbstangriff und Schuld – alles dreht sich um mich

Unter Schuldgefühlen und Selbstangriff liegt eine sehr versteckte Dynamik: Wir sorgen dafür, dass sich alles um uns dreht. Wir ziehen unnötige Aufmerksamkeit auf uns. Wir nehmen dunklen Glamour auf uns, um Aufmerksamkeit zu bekommen. Wir werden besonders darin, wie schlecht wir sind. Wir werden besonders schlecht. Dies ist eine Form des Angriffs und der Rache gegen diejenigen, die uns lieben, insbesondere gegen den Schöpfer. Sie ist der Dynamik von Kindern, die sich irrtümlicherweise an ihren Eltern rächen wollen, nicht unähnlich. Jetzt ist der Zeitpunkt gekommen, um unsere Schuldgefühle und unseren Selbstangriff zu untersuchen und darüber nachzudenken oder intuitiv herauszufinden, wie sehr wir Schuldgefühle und Selbstangriff dazu benutzen, dass es nur um uns geht. Wenn du die Wirkung auf dein Leben oder das, wofür du diese dunklen Dynamiken benutzt, nicht magst, dann kannst du sie loslassen und darum bitten, dass das gesamte Muster vom Himmel aufgelöst wird. Lass es durch Unschuld und Selbstliebe ersetzt werden, während es verschwindet. Was willst du? Möchtest du Unschuld und Selbstliebe, die Glücklichsein mit sich bringen? Oder willst du, dass es nur um dich geht?

80

Verlieren, um zu gewinnen

Verlieren, um zu gewinnen, ist eine Egostrategie. Es ist normalerweise mit Aufopferung verbunden. *Ein Kurs in Wundern* erklärt, während er von Christus spricht: „Er kommt und fordert nichts. Er verlangt von niemandem ein Opfer irgendwelcher Art. In Seiner Gegenwart verliert die ganze Idee des Opferns alle Bedeutung. Denn Er ist der Gastgeber Gottes." (Textbuch, Kapitel 15, XI.2.4:6)

Aufopferung ist offensichtlich ein Trick des Egos. Das Ego befindet sich in Konkurrenz. Er tut, als wäre es unterlegen, um seine Häme und sein Gefühl der Überlegenheit zu verbergen, schmollt jedoch anschließend aufgrund seiner Aufopferung und hält unsere Beziehung im Teufelskreis von Häme und Schmollen, Überlegenheit und Unterlegenheit, gut und schlecht, Beherrschung und Unterwerfung sowie gewinnen und verlieren gefangen. So bleiben wir in Leblosigkeit eingesperrt.

Häufig ist es so, dass wir, wenn wir verlieren, um durch Aufopferung zu gewinnen, darauf warten, dass wir an der Reihe sind. Wir erwarten, dass sich unser Partner oder jemand anderes für uns aufopfern wird, weil wir uns für sie aufgeopfert haben. Und natürlich weigern sie sich viele Male oder sind nicht verfügbar, wenn wir das Gefühl haben, dass wir jetzt an der Reihe sind, um unsere Bedürfnisse erfüllt zu bekommen. Verlieren, um zu gewinnen kann einen Autoritätskonflikt auslösen, weil sich andere weigern, zu verlieren, oder nicht für uns in Aufopferung gehen wollen. Sie vergessen offensichtlich den Vertrag, den wir, zumindest unserer Ansicht nach, geschlossen haben – wir vergessen nämlich manchmal, die andere Partei darüber zu informieren, wenn wir einen derartigen Vertrag abgeschlossen haben. Bei all dem ist es wesentlich, dass wir uns daran erinnern, dass wir nicht aufgerufen sind, in irgendeiner Weise zu verlieren. Allein die Vorstellung von Aufopferung beruht auf Schuldgefühlen, Bedürfnissen und Trennung.

Lass uns zu der Zeit in unserem Leben zurückgehen, in der wir verloren haben, um zu gewinnen. Wir wollen in dieser Zeit zu den Menschen gehen, die sich dort befinden und uns mit ihnen von Licht zu Licht verbinden. Tu dies, bis du in dieser Szene zu einem Licht mit ihnen wirst, und fühle die Ausdehnung, die dich mehr als willens macht, ihnen zu helfen. Kehre dann zu dem Zeitpunkt zurück, an dem du versucht hast oder versuchst, sie sich für dich aufopfern zu lassen. Verbinde dich erneut mit ihnen von Licht zu Licht. Tu dies, bis ihr ein Licht teilt. Tu dies mit allen anderen Szenen, in denen du Rollen gespielt hast, um Anerkennung zu bekommen. Jede dieser Rollen hat dir nicht wirklich erlaubt zu empfangen, da eine Rolle ein Selbstkonzept in einer Rüstung ist. Aufopferung ist kein wahres Geben, sondern nur eine Abwehr gegen den Verlust und die Schuld darüber, sich getrennt zu haben, um unabhängig zu werden. Verlieren ist eine Strategie. Welche Wirkung hat sie auf dein Leben? Wofür benutzt du sie? Ist es das, was du willst? Was willst du? Stell dir diese Frage, bis du 100 %igen Erfolg erreichst.

81

Die Bösartigkeitsgeschichte

Die Bösartigkeitsgeschichte ist eine der am besten verdrängten und kompensierten Drehbücher, die wir schreiben. Wir halten diese Ebene unseres Angriffs vor uns selbst verborgen. Wir verstecken sie, weil wir uns selbst nicht als bösartig ansehen möchten. Deshalb verdrängen wir diese Geschichten tief und erkennen nicht, woher die verheerenden Umstände unseres Lebens stammen. Auch wenn die Kompensationen des Nettseins, Gutseins und der harten Arbeit zu Leblosigkeit aus Rollen, Kompensation, Aufopferung und Burnout führen, beruhen diese Abwehrmechanismen typischerweise auf der Prämisse von Urteil und Angriff: „Versuch, die Mistkerle zu erwischen, bevor sie dich erwischen!" Auch wenn das Ego uns davon überzeugt hat, dass uns diese Einstellung retten wird, führt sie genau zum Gegenteil. Wenn wir zuerst angreifen, werden wir zwangsläufig im Gegenzug angegriffen, und wenn wir Angriff in uns tragen, zieht das Angriffe auf sich.

Bösartigkeit entsteht dadurch, anderen Übles zu wünschen oder anzutun. Die Bösartigkeitsgeschichte geht Hand in Hand mit einer Selbstangriffsgeschichte, weil alles, was wir anderen antun, wir uns auch selbst antun. Einige der positivsten, hilfreichsten Menschen, die ich kenne, haben festgestellt, dass sie die Bösartigkeitsgeschichte in sich vergraben hatten. Diese Geschichte kann sich dadurch zeigen, dass uns Menschen bösartig angreifen, was eines der Anzeichen dafür ist, dass wir diese Geschichte in uns vergraben haben, und/oder wir ertappen uns vielleicht selbst bei einer gewissen Bösartigkeit anderen gegenüber.

Bei der Untersuchung dieses Themas gibt es einige interessante Aspekte. Das Bewusstsein kommuniziert zum Beispiel in Metaphern und Wortspielen. Wenn wir das weiter untersuchen, finden wir im englischen Wort für Bösartigkeit (malice): *ma lice*. Das bezieht sich auf eines der englischen Wörter für Mutter, *ma* und das englische Wort für Läuse, *lice*. *Ma lice* könnte sich daher auf Zeiten in unserer Kindheit beziehen, als unsere Mutter böse, wütend, wild und voller Angriff war. Das waren „Mutters Läuse", *ma's lice*. Und wenn Bösartigkeit im Spiegel unseres Lebens auftaucht oder aufgetaucht ist, zeigt es, dass wir gekommen waren, um unsere Mutter vor dieser Wut in ihr zu retten und dabei unsere eigenen unbewussten Selbstkonzepte zu heilen, dass wir genauso waren, wie das, für was wir sie gehalten haben. Wenn es sich in unserer Welt zeigt, ist es in uns! Mit anderen Worten, wenn es „Mutters Läuse", *ma's lice*, sind, sind es auch „meine Läuse", *my lice*.

Frage dich, wie viele Bösartigkeitsgeschichten du hast? Frage dich dann, wie viele Bösartigkeitsverschwörungen du hast? Wie haben sie dein Leben beeinträchtigt? Wofür hast du sie benutzt? Welchen Zweck hatten sie? Ist es das, was du willst? Was willst du?

Übergib die Bösartigkeitsgeschichten und die Bösartigkeitsverschwörungen dem Himmel und hilf deiner Mutter oder anderen Personen, das Gleiche zu tun, wenn sie diese Geschichten in sich tragen. Frage dich dann, wie alt das Selbst ist, das diese Bösartigkeitsgeschichten schreibt. Und wenn deine Mutter sie hat, wie alt ist das Selbst, das ihre Bösartigkeitsgeschichten und -verschwörungen schreibt? Ruf eine Engelsschar herbei, um diese Drehbücher schreibende Selbste zu lieben, bis sie aufgewachsen und wieder mit euch beiden verschmolzen sind, wobei sie Leitungen in deinem Herzen, deinem Bewusstsein und deinem Körper erneut verbinden. Wenn das abgeschlossen ist, führst du die gleiche Übung mit Selbstangriffsgeschichten durch. Schau dann, was für Selbstangriffsgeschichten deine Eltern, dein Partner und deine Kinder haben. Hilf ihnen, ihre Selbstangriffsgeschichten loszulassen, und rufe die Engel herbei, um die Selbste zu lieben, die diese Geschichten geschrieben haben, damit du und sie auf einer ganz neuen Ebene der Ganzheit geliebt werden. Geh zu den Menschen in deiner Welt, die offensichtlich Bösartigkeitsgeschichten haben, und hilf ihnen dabei, sie loszulassen. Ruf die Engel herbei, um das Selbst zu lieben, das ihre Geschichten schreibt, bis Ganzheit herrscht. Dann frage dich intuitiv, wer in deiner Welt Bösartigkeitsgeschichten hat. Geh im Geist zu dieser Person und hilf ihr dabei, die Bösartigkeitsgeschichten loszulassen. Ruf die Engel herbei, um den Selbsten zu helfen, die diese Geschichten schreiben.

Mach dann mit Selbstangriffsgeschichten weiter. Bei wem sind sie offensichtlich? Und wer hat sie deiner Intuition zufolge? Hilf ihnen, diese schädlichen Geschichten loszulassen, indem sie dem Himmel übergeben und die Engel herbeigerufen werden, um die Selbste zu lieben, die diese Geschichten schreiben. Fahre damit fort, bis nur Vollständigkeit und Ganzheit vorhanden sind.

82

Alle Täuschung ist Selbsttäuschung

Es gibt eine kollektive Entscheidung, die wir alle getroffen haben. Wir glauben kollektiv, was nicht wahr ist. Wir nehmen die Dinge für bare Münze. Wir glauben, was uns gesagt wird, weil wir es glauben wollen, und wir haben nicht die erforderlichen Mittel, um damit umzugehen, was tatsächlich wahr ist. Wir geben vor, nicht zu wissen, und aufgrund dieser Verleugnung steht uns raues Erwachen bevor. Wir wollen nicht mit dem umgehen, was zu viele Umstände macht, Probleme bereitet oder den gegenwärtigen Zustand ändern würde. Als Folge davon treffen uns Dinge aus heiterem Himmel, und das führt zu zerschlagenen Träumen.

Wenn uns ein anderer Mensch täuscht, kann dies nur passieren, weil wir uns selbst täuschen und wir lieber nicht wissen wollen, was wirklich vor sich geht. Etwas zu wissen, bedeutet, dass wir damit umgehen und uns ändern müssen, und wir haben Angst vor Veränderung. Manchmal kommt es dazu, dass jeder um uns herum etwas weiß, nur wir nicht, weil wir lieber naiv sein und in unserem Traum bleiben wollen. Wir könnten wissen, was passiert, wenn wir es wollten, aber das würde bedeuten, dass wir notwendigerweise zu einer Entscheidung darüber kommen müssten, was uns präsentiert wird. Wir müssten uns damit auseinandersetzen.

Wenn wir anerkennen, was passiert, und uns dafür entscheiden, darauf einzugehen, begeben wir uns in eine Führungsposition. Das würde nur dann geschehen, wenn wir bereit sind, so viel Verantwortung zu übernehmen und so auf unsere Umwelt einzugehen. Uns selbst zu täuschen, bedeutet, die Dinge nicht so zu akzeptieren, wie sie sind. Das heißt, dass wir Schock, Leiden, Schmerzen, Herzensbruch erleiden oder im schlimmsten Falle zerschlagene Träume erleben. Wir alle verbergen Dinge vor uns selbst, um zu versuchen, ein Bedürfnis zu erfüllen – aber das führt unausweichlich zu Schmerzen. Wir könnten uns stattdessen jeden Tag fragen: Was gebe ich vor, nicht zu wissen? Dann halten wir einen Augenblick inne und lassen das, was auch immer zu uns kommen will, zu uns kommen. Wir werden schon bald identifizieren können, was unsere Paranoia ist und was die Wahrheit ist. Fasse eine starke Absicht, dies zu tun, und wenn du das tust, bitte den Himmel um Hilfe, sowohl beim Erkennen dessen, was du vor dir selbst verborgen hast, als auch dabei, darauf einzugehen. Das erlaubt dir, authentisch zu sein. In gleicher Weise gibst du durch deine Haltung einen bestimmten Ton vor und lädst damit alle um dich herum ein, den gleichen Grad an Integrität und Verantwortungsbewusstsein zu wahren. Die Wahrheit wird dich zusammen mit einer wahrhaftigen Reaktion auf die Situation befreien und die Welt dafür öffnen, so zu sein, wie sie sein sollte.

83

Wenn du eine Emotion hast, hast du einen Groll

Jedes Mal, wenn wir eine Emotion haben, hegen wir einen Groll. Das bedeutet, dass wir jemanden verurteilt und als schuldig befunden haben und unsere Emotion zu ihrer Anklage dient. Sogar unsere Angst, die scheinbar die Angst vor einem Gegenstand oder einem Umstand ist, klagt einen anderen Menschen als Grund an. Dies hat sich in unserem Unterbewusstsein eingenistet, und es braucht die Hilfe unserer Intuition, um nachzuspüren, gegen wen wir einen Groll gehegt haben. Ich denke dabei an meine Beziehung mit meiner Freundin zurück, die meine Frau werden sollte. Ich war so unabhängig. Darunter lag jedoch wirklich die Angst vor Intimität, Herzensbruch und davor, meine Lebensaufgabe nicht zu erfüllen. Auch wenn ich Groll gegen meine erste und meine zweite Freundin hegte, war der ursprüngliche Groll, der mir mithilfe meiner Intuition in den Sinn kam, gegen meine Mutter gerichtet. In Wirklichkeit hatte ich ihre Herzensbrüche geerbt, und ich hatte sie deshalb geerbt, weil ich sie nicht aus ihren Herzensbrüchen gerettet hatte. Erst nachdem ich das vollbracht und uns beide von unseren Herzensbruchs- und Unabhängigkeitsmustern befreit hatte, erreichte ich Verständnis, Akzeptanz, Vergebung, Liebe und das Teilen der Geschenke, die nicht nur für meine Mutter, sondern auch für meine Frau und alle Frauen bestimmt waren.

Wenn du es willst, werde dir jetzt deiner Emotionen bewusst und gegen wen sie sich als Groll richten, damit du sie benutzen kannst, um die Wahrheit zu sagen und Vergebung anzuwenden. So kannst du dein Versprechen einlösen, diese Person zu retten, anstatt Teil davon zu sein, was sie zurückhält. Indem du sie rettest, rettest du dich selbst, und zwar nicht nur vor den Schmerzen, sondern vor der Zerstörung, die dieser Groll in deinem Leben anrichtet. Ohne

Schmerzen könntest du kein Problem haben, und sowohl das Problem als auch der Schmerz sind Wege, um den zugrundeliegenden Groll zu verbergen, der dich in deinem Leben zurückhält. Deine Vergebung bringt wieder Ehrlichkeit in eine Situation. Vergebung bringt Wahrheit. Es ist weder Herablassung noch eine falsche Vergebung, die deine Besonderheit demonstrieren soll. Du erkennst, dass du das Ereignis benutzt hast, um dich zu trennen und dir selbst Erlaubnis zur Kontrolle zu geben und um zu versuchen, deinen Kopf durchzusetzen. Vergebung verbindet dich erneut und schenkt dir eine neue Ebene an Integrität, Ehrlichkeit und Frieden.

84

Wir können nur dann glauben, dass etwas zu viel für uns ist, wenn wir glauben, zu wenig zu sein

Wir können nur dann davon überzeugt sein, dass etwas „ein paar Nummern“ zu groß für uns ist, wenn wir uns zu klein fühlen. Wir können uns nur dann überwältigt fühlen, wenn wir uns unabhängig und wetteifernd verhalten, anstatt in Partnerschaft und Kooperation zu handeln. Wenn wir versuchen, unabhängig mit etwas umzugehen, zeigt das, dass wir vergessen haben, wer mit uns geht. Wir haben Gnade und Göttliche Gegenwart vergessen. Es ist nicht unsere eigene Kraft, auf die wir uns verlassen sollten, denn dann fühlen wir Stress, Druck und Überwältigtsein. Wenn wir unsere Zukunft in Gottes Hände legen, dann ist nichts zu viel für uns. Wir müssen uns nicht auf unser Selbstvertrauen oder unsere Fähigkeiten verlassen, wenn wir wissen, dass der Himmel uns jederzeit zur Verfügung steht. Wir können nur dann Angst haben, wenn wir versuchen, alles allein zu erledigen. Wenn du weißt, dass du von der Liebe Gottes erhalten wirst oder dass Gott die Stärke ist, auf die du vertraust, dann weißt du, dass es keinen Unterschied macht, wie viel Selbstvertrauen du hast. Es macht jedoch einen Unterschied, wie viel Vertrauen und Zuversicht du in deine Freunde und in deine Freunde an höherer Stelle setzt. Letztendlich ist es der Himmel, der uns trägt. Wir werden so viel mehr geliebt, als wir uns selbst lieben. Wir werden so umsorgt, wenn wir es nur zulassen.

85

Der Wunsch nach Verständnis

Hast du das Gefühl, von deinem Partner verstanden zu werden? Hast du dich von deiner Mutter verstanden gefühlt? Hast du dich von deinem Vater verstanden gefühlt? Wahres Verständnis ist so ein wichtiger Aspekt im Leben, denn es verbindet uns, und das Ausmaß der Verbindung ist das Ausmaß von Leichtigkeit und Fluss in unserem Leben. Verbundenheit sorgt dafür, dass Geben und Empfangen ein natürlicher Aspekt unseres Lebens wird. Das ist keine Aufopferung, bei der wir viel tun, aber uns selbst nicht geben und uns auch nicht erlauben zu empfangen. Wahres Geben oder Empfangen würde uns wieder verbinden. Und das Ausmaß, in dem wir geben und empfangen, erlaubt uns zu verstehen.

Es gibt verschiedene Wege, um das Verständnis, das du dir am meisten wünschst, von anderen zu gewinnen. Der erste Weg besteht darin, zu verstehen, dass, wenn du zum Beispiel das Gefühl hast, dass deine Mutter dich nicht verstanden hat, dies das Ausmaß ist, in dem du sie nicht verstanden hast. Wenn du deine Mutter verstehst, wirst du dich von ihr verstanden fühlen. Das Gleiche gilt für deine Beziehungen. Gib deinem Partner Verständnis, und du wirst es empfangen.

Eine weitere Art, sich verstanden zu fühlen, besteht darin, zu vergeben. Während du vergibst, beginnst du zu verstehen, und im gleichen Umfang wirst du dich auch verstanden fühlen. Ein Mangel an Verständnis entsteht durch Trennung. Der Grad, in dem du dich mit einem anderen Menschen verbindest, ist der Grad, in dem du verstehst und dich verstanden fühlst. Verständnis führt zu Mitgefühl, und Mitgefühl führt auch zu Verständnis. Sie erzeugen eine Aufwärtsspirale. Liebe versteht. Wie das Pferdchen dem Samtkaninchen in dem Kinderbuch *Das Samtkaninchen oder Das Wunder der Verwandlung* erzählte, kannst du nur für Leute hässlich sein, die keine Ahnung haben.

86

Ausschweifung und das Astrale

Das Astrale und seine Aspekte der Dämonen, Teufel und dunklen Herrscher entstehen durch Ausschweifung. Diese Ausschweifung kann körperliche, emotionale oder sexuelle Formen annehmen. Ohne Ausschweifung gibt es keine Öffnung, durch die das Astrale in unser Bewusstsein und in diese Welt gelangen kann. Ausschweifung erzeugt Risse in unserem Seelenbewusstsein, durch die das Astrale eindringen kann. Dies kann astrale Energie erzeugen, die Teufeln ähneln, weil sie astrale Persönlichkeiten sind. Sie scheinen die Form von Teufeln, Dunkelheit und dunklen Herrscher anzunehmen, sind jedoch in Wirklichkeit nur ein Teil von uns: unser uraltes Ego, das sich vom Licht abgewendet hat. Sie sind nur Selbstkonzepte, die losgelassen werden oder einfach wieder in Vollständigkeit integriert werden können. Oder bitte den Himmel darum, sie wieder ins Licht zurückzubringen.

Der Schlüssel liegt darin, emotional „bei uns aufzuräumen", bis noch mehr Integrität, mehr Zuversicht und mehr Ganzheit vorhanden sind. Frag dich, wie viele ausschweifende Persönlichkeiten du hast, und übergib diese zur Integration an dein Höheres Selbst. Während es das tut, fügt es eine neue Ebene der Ganzheit hinzu. Das Astralreich ist einfach das uralte Ego, oder das Prinzip der Trennung. Während wir unsere Ausschweifung beseitigen, gibt es keinen Ort mehr, an dem das uralte Ego durchkommen kann, um unser Leben auf dunkelste Weise zu beeinflussen. Das uralte Ego, das den jetzigen Zustand erhalten will, richtet chronische Probleme ein, die uns zurückwerfen oder dafür sorgen, dass die Dinge beim Alten bleiben. Integration dagegen erzeugt mehr Vollständigkeit, während die Wände der Trennung wegfallen. Durch jeden Ort, an dem Trennung geheilt wird, gibt es weniger Ausschweifung und weniger Schmerz und weniger Trennung.

Stell heute eine Liste deiner Ausschweifungen auf. Frage dich dann mithilfe deiner Intuition, was die Wirkung des Astralen auf dein Leben als Folge der Ausschweifungen ist. Lass sie zusammen mit der damit verbundenen Ausschweifung los und bitte stattdessen um die Freude, die sie verschleiert haben. Als Nächstes fragst du, wie viele astrale Persönlichkeiten du hast und welche Wirkung diese übriggebliebenen astralen Persönlichkeiten auf dein Leben gehabt haben. Übergib sie als einen Fehler, für den du bereitwillig die Verantwortung übernimmst, an den Himmel, und sei bereit, sie jetzt loszulassen – und bereit, den Heiligen Geist um ihre Auflösung zu bitten.

87

Äußerste Peinlichkeit

Äußerste Peinlichkeit bedeutet, vor Scham oder sogar Schuldgefühlen zu sterben, weil wir nicht fassen können, einen derartig fürchterlichen Fehler begangen zu haben. Es ist eine plötzliche Erkenntnis dessen, wo wir uns selbst getäuscht und der Welt einen Ort offengelegt haben, an dem wir uns in Verleugnung befinden. Als Folge der Schmerzen und des Schocks erleiden wir ein Trauma. Häufig sterben an solchen Orten tatsächlich unsere Selbste und müssen wiederbelebt werden.

Frage dich, wie viele solcher Ereignisse du erlebt hast, bei denen Selbste vor Peinlichkeit, Scham oder aus Schuldgefühlen gestorben sind. Wo hast du sie begraben? Wie viele Selbste sind bei jedem Ereignis gestorben, wenn du das wüsstest? Gehe zu diesen Orten, wo die Selbste begraben sind, und hauche ihnen den heiligen Atem des Lebens wieder ein. Halte diese Selbste liebevoll in deinen Armen und rufe die Engel herbei, um dir zu helfen, diese Selbste zu lieben. Während sie Liebe empfangen, wachsen diese Selbste wieder zu deinem gegenwärtigen Alter heran und verschmelzen wieder mit dir, wobei sie Leitungen in deinem Herzen, deinem Geist und deinem Körper erneut verbinden. Wenn die Selbste bei dir gestorben sind, kann es sein, dass es andere Menschen gab, bei denen zur selben Zeit Selbste gestorben sind. Geh zu einem beliebigen Ort in der Vergangenheit, um das für dich selbst zu tun und möglicherweise auch für alle anderen, die ebenfalls in äußerster Peinlichkeit gefangen waren. Hauche jedem ihrer Selbste den heiligen Atem des Lebens ein und übergib sie den Engeln, damit sie geliebt werden, bis die Selbste aufwachsen und wieder mit diesen Menschen verschmelzen können.

Das Ego benutzt äußerste Peinlichkeit zusammen mit Selbstangriff, um sich selbst aufzubauen. Wo äußerste Peinlichkeit geherrscht hat, benutzt das Ego das

Ereignis, um Aufmerksamkeit auf seine Besonderheit zu lenken und sich selbst zu übertreiben. Es kompensiert für das, wofür es sich schämt, und dies wird zu einem Ort, an dem sich das Ego verschanzt. Du kannst dich dafür entscheiden, Liebe in dieses Ereignis zu bringen und die dunkle Lektion loszulassen, die du gelernt hast. Wie haben diese Ereignisse dein Leben beeinträchtigt? Wozu benutzt du diese Ereignisse und die dazugehörigen Probleme? Ist es das, was du willst? Wenn nicht, dann lass alles los und lade Göttliche Liebe und Göttliche Gegenwart an diese Orte ein. Dies wird Unschuld und Freiheit dorthin bringen, was dich wieder mit dir selbst, anderen und dem Himmel verbindet. Das öffnet dich für die Geschenke, die darauf gewartet haben, zu dir zu kommen und dein Leben und das anderer Menschen zu verbessern. Lass diese verschanzten Aspekte deines Egos hinwegschmelzen und lade die Seelenlektion ein, die du lernen willst und die der Himmel dir schenken wollte.

88

Schuldgefühle und Traurigkeit sind hinterhältige Methoden des Festhaltens

Schuldgefühle, Groll und Traurigkeit sind eine Tarnung für Festhalten. Indem wir uns schlecht darüber fühlen, wie wir uns verhalten haben oder wie sich Dinge ergeben haben, verbergen wir, dass wir unbeabsichtigt an der Person oder dem Ereignis festhalten. Groll weist auch darauf hin, dass wir bemüht sind, ein altes Bedürfnis von einem Menschen aus unserer Vergangenheit erfüllt zu bekommen. Auf ähnliche Weise kann Traurigkeit dazu benutzt werden, dass wir auf sehr schädliche Weise an etwas festhalten. Wenn wir unsere Traurigkeit fühlen und dann loslassen, bringt uns das in unserem Leben vorwärts. Wenn wir traurig sind, wenn wir festhalten und uns weiter traurig fühlen, anstatt loszulassen, dann benutzen wir die Traurigkeit zum Festhalten. Wenn wir nicht vorwärtsgehen wollen, indem wir die Vergangenheit loslassen, kann sich unsere Traurigkeit leicht in eine Depression verwandeln. Dies mindert unser Selbstwertgefühl. Wir glauben, dass wir glücklich sein würden, wenn wir nur diese Person, diesen Ort oder diese Situation so behalten hätten, wie sie war. Wir suchen außerhalb von uns nach Glücklichsein, und früher oder später führt dies zu Erfahrungen von Verlust, Schmerzen oder Enttäuschung.

Schuldgefühle, Groll und Kummer verbergen unser gespaltenes Bewusstsein. Der versteckte Teil unseres Bewusstseins hat Unabhängigkeit mehr geschätzt als Unschuld, Vergebung und Loslassen, was uns dabei geholfen hätte, vorwärtszugehen und die Situation erfolgreich entfalten zu lassen. Unser Verlust einer Person, eines Ortes oder einer Sache versteckt, dass wir nicht vollständig verbunden waren oder einen Menschen oder etwas nicht vollständig geschätzt haben. Als Folge davon fühlen wir uns schuldig, dass wir den Menschen oder die Sache nicht vollständig gewollt haben. Wenn wir verbunden gewesen wären oder den

Menschen oder die Sache vollständig geschätzt hätten, dann wäre der Kummer rascher vergangen, und zarte, eindringliche Gefühle wären uns geblieben, um uns zu bereichern. Wo wir nicht verbunden waren, haben wir Unabhängigkeit mehr geschätzt. Wenn eine Emotion bestehen bleibt, dann ist es wichtig zu untersuchen, welchem Zweck sie uns dient. Wofür benutzen wir die Emotion? Emotionen sollen uns zeigen, wo wir der Heilung bedürfen, wenn sie vom Höheren Selbst eingesetzt werden, und sie sollen uns ablenken und aufhalten, wenn sie im Dienste des Egos benutzt werden. Wir sind diejenigen, die wählen dürfen, ob wir unsere Emotionen in guter oder schlechter Absicht einsetzen, ob wir festhalten und uns selbst zurückhalten oder ob wir die Vergangenheit zugunsten einer besseren Gegenwart aufgeben.

89

Du kannst haben, was du willst, wenn du deine Unabhängigkeit aufgibst

Dies ist ein uraltes Sprichwort, das ich mir vor zwei Jahren ausgedacht habe: „Du kannst alles haben, was du willst, wenn du bereit bist, deine Unabhängigkeit aufzugeben." Es macht mir so viel Spaß, mir auf diese Weise alte Sprichwörter auszudenken. Wenn ich von Unabhängigkeit rede, dann meine ich dissoziierte Unabhängigkeit, die eine Rolle ist. Rollen sind dissoziiertes Verhalten und daher keine Freiheit. Dissoziierte Unabhängigkeit ist eine Kompensation, um das Ego aufzubauen und Gefühle von Angst, Unzulänglichkeit, Schuld und Versagen zu verbergen. Sie hält uns in einem Teufelskreis gefangen, der Aufopferungs- und Opferrollen beinhaltet. Das hält uns davon ab, über die Tote Zone hinauszugelangen, bis wir uns vom Leben in Rollen befreien. Rollen bedeuten, das Richtige aus den falschen Gründen zu tun.

Wir alle müssen uns durch die Unabhängigkeitsphase bewegen. Der Schlüssel liegt darin, über diese Phase hinaus zur Partnerschaftsphase oder Ebene der gegenseitigen Abhängigkeit zu gelangen, wo es viel mehr Leichtigkeit, Flow, Spaß und Inspiration gibt. Dort benutzen wir die unabhängige Ebene nicht mehr als Abwehr dagegen, unsere Lebensaufgabe anzutreten.

Unsere Unabhängigkeit ist unser Ego. Das sind alle unsere Selbstkonzepte, die wir mit dieser Unabhängigkeit im Sinn erschaffen haben. Unsere Selbstkonzepte sind unabhängig voneinander. Sie sind voneinander getrennt, verursachen Konflikte in uns und noch mehr Trennung außerhalb von uns. Trennung liegt an der Wurzel aller Probleme.

Entscheide dich für das, was du willst: dein Ziel oder deine Unabhängigkeit, denn du kannst sie nicht beide haben. Das Ego hat Angst vor Verbundenheit, weil es sich vor dem fürchtet, was kommen würde, wenn wir unser Ziel erreichten.

Es würde uns auf einer neuen Ebene verbinden und einiges der Dissoziation und Unabhängigkeit des Egos hinwegschmelzen. Daher macht Unabhängigkeit das Erreichen der Ziele von Erfolg, Intimität oder was auch immer uns auf einer neuen Ebene verbinden würde, so schwierig wie möglich, weil das Ego um sein Leben kämpft.

Denke an etwas, was du dir wünschst. Zu welchem Prozentsatz bist du nahe daran, dieses Ziel zu erreichen? Sagen wir einmal, es sind 70 %. Das bedeutet, dass dein Bewusstsein gespalten ist. 70 % wollen den Erfolg, und 30 % wollen Unabhängigkeit. Frag dich bei diesem Verhältnis von 70 % zu 30 %, was du wirklich willst. Ist es Erfolg oder Unabhängigkeit? Entscheide dich für das, was du willst. Nachdem du dich entschieden hast, fragst du wieder den Prozentsatz ab. Vielleicht ist es jetzt 80 % zu 20 %. Frag dich erneut, was du willst, und beobachte, wie sich die Zahl als Folge davon erhöht. Tu das, bis du 100 % für dein Ziel erreichst. Wenn es lange dauert, bis du dein Ziel erreichst, dann siehst du, wie viel Widerstand du die ganze Zeit in dir gehabt hast. Diese Übung kann dir geben, was du willst, oder dich zumindest auf eine ganz neue Ebene des Erfolgs heben. Manchmal tauchen andere Schichten von dem, was dich zurückhält auf, um dich von deinem vollen und vollständigen Erfolg abzuhalten – aber du kannst die Übung dann einfach wiederholen. Die „Was willst du?"-Übung ist praktisch und einfach und erfordert recht wenig Zeit, um die Spaltungen in deinem Bewusstsein zu heilen.

90

Wir erfinden uns selbst

Wir haben uns wortwörtlich selbst erfunden. Wir kommen auf der Suche nach etwas, das uns vervollständigen kann, auf diese Welt. Sogar diejenigen, die bestreiten, dass sie jemals auf diese Welt kommen wollten, und behaupten, gegen ihren Willen hierher geschickt worden zu sein, geben schließlich nach gründlicher Befragung sich und mir gegenüber zu, was es war, das sie gesucht haben.

Es ist diese Suche außerhalb von uns, die zu Schmerzen, Herzensbruch und Desillusionierung führt. Das Suchen außerhalb von uns resultiert in größerer Trennung, Gefühlen der Ungerechtigkeit, Angst, Schuld, Widerstand, Unzulänglichkeit, dem Bedürfnis nach Besonderheit, dem Teufelskreis der Rollen von Opfer, Aufopferung und Unabhängigkeit und schließlich einer Unzahl von Selbstkonzepten, die Überzeugungen und Wahrnehmungen schaffen.

Wir erfinden unsere Lebensgeschichte. Sie ist nicht einfach etwas, was uns passiert. Sie wird vom *Zeitgeist* sowie von Mustern der Vorfahren und Seelenmustern beeinflusst. Dennoch sind wir es, die die Geschichte schreiben. Wir hätten daraus eine Liebesgeschichte machen können. Wir können es immer noch tun. Wir schlucken Werte von den Menschen um uns herum, ohne darüber nachzudenken, und diese werden, wie wir über uns selbst denken. Wir möchten trotz allem Selbstangriff und aller Schuld eine hohe Meinung von uns haben. Deshalb kompensieren wir Emotionen wie Angst, Schuld und Versagen. Wir verbergen unsere Bösartigkeit und unsere Angriffsgedanken. Wir verschleiern unseren Unmut und unseren Groll. Wir möchten nett und manierlich erscheinen und homogenisieren und pasteurisieren uns deshalb wie H-Milch. Und dann borgen wir Überzeugungen und Werte von unserer Nationalität, unserem Unternehmen, unserer Kirche, unserer Gemeinde, unseren Kollegen und unserer Familie. Wir möchten wie sie sein, um dazuzugehören. Wir möchten ihre Anerkennung bekommen. All dies verschleiert unsere wirkliche Identität, wie Gott uns geschaffen hat, und wir werden weniger wahrhaftig gegenüber uns selbst, unserer Kraft und unserer Liebe.

Unsere Selbstkonzepte, die aus Schmerzen und Bedürfnissen entstanden sind, sind falsch. Sie entfernen uns weiter von uns selbst und führen uns in eine illusorische Welt, die sehr süchtig machen kann und eine gute Tarnwand für das darstellt, was wirklich passiert und worum es im Leben wirklich geht.

Veränderung bedeutet, all diese Selbstkonzepte aufzulösen, dieses falsche Selbst loszuwerden, das wir aufgebaut haben, und die falschen Wünsche loszulassen, die damit einhergehen. Es bedeutet, der Welt zu vergeben, die auf Wunscherfüllung und Angriffsgedanken beruht. Um wiederzugewinnen, was wir verloren haben, werden wir schließlich dieses falsche Selbst vernichten, das wir geschaffen haben. Wir werden das Selbst wieder entdecken, das Gott uns in Seiner Liebe gegeben hat und das wir in unserer Liebe angenommen haben. Wir haben diese Liebe angenommen, bis wir geglaubt haben, dass wir mehr haben könnten, und in die Idee der Trennung als einen Weg zur Besonderheit investiert haben. Das war ein Fehler von epischem Ausmaß, der immer noch andauert. Durch unsere Wünsche fabrizieren wir genau die Dinge, von denen wir glauben, dass sie uns befriedigen werden.

Heute ist ein guter Tag, um in die Wahrheit anstatt in die Illusion zu investieren, die unser Ego als eine Illusion seiner selbst haben will. Triff eine kluge Entscheidung. Dein Leben und dein Glücklichsein hängen davon ab.

91

Angst als Unterstützung unserer Selbstkonzepte

Wir haben unsere Selbstkonzepte durch Trennung erschaffen. Der Schmerz darin ist vielleicht durch Urteil, Groll oder andere Formen der Dissoziation überdeckt, aber Selbstkonzepte sind die Essenz von Schmerz. Aus dieser Trennung entstehen Schuldgefühle, Angst, Verlust und Gefühle der Unzulänglichkeit. Wenn wir Angst haben, unterstützen wir die Selbstkonzepte, die wir geschaffen haben. Diese Selbstkonzepte sind wie Hüllen oder Ganzkörperkondome. Sie unterbrechen den Fluss, führen uns auf wilde Verfolgungsjagden und verhindern vollständigen Kontakt, vollständige Belohnung oder vollständiges Vergnügen. Sie sind abgespaltene Teile unseres Bewusstseins, die dann mit anderen Selbstkonzepten im Konflikt stehen, die nicht in die gleiche Richtung gehen. Dadurch entsteht Konflikt, der vom Ego ermutigt wird, weil Konflikt das Ego aufbaut.

Das Ego demonstriert, wie sehr es gebraucht wird, wenn es einen Machtkampf oder einen Krieg gibt. Angst und Schuldgefühle werden mit dem Ego in einem Teufelskreis gefangen. Das Ego nährt Angst und Schuldgefühle, auch wenn es gleichzeitig das Gegenteil vortäuscht. Es gibt sogar vor, die Angst, die Schmerzen und die Schuldgefühle zu entfernen, aber da es aus Angst, Schuldgefühlen und vielen anderen Dingen besteht, zögert es natürlich, auch nur mehr als ein wenig unserer dunklen Emotionen aufzulösen. Mit diesem alten Schmerz argumentiert das Ego für die Trennung und die Notwendigkeit von Abwehrmechanismen. Auf diese Weise unterstützt unsere Angst unsere Identität, und unser Ego unterstützt unsere Angst.

Angst friert uns am gegenwärtigen Ort ein. Sie lähmt uns und verhindert so, dass wir uns vorwärtsbewegen, und genau das unterstützt das Ego. Während wir uns vorwärtsbewegen und entwickeln, schmilzt das Ego immer mehr hinweg. Es tut so, als würde es uns helfen, so schnell vorwärtszukommen, wie wir können, aber in Wirklichkeit bewegen wir uns so langsam, wie wir können. Das Ego unterstützt nur den Anschein schneller Bewegung, damit es uns davon überzeugen kann, dass wir unser Ego sind und dass wir durch diese Identität Fortschritte machen. Es hat uns bereits davon überzeugt, dass wir ein Körper *sind*, anstatt dass wir einfach einen Körper als ein Lernvehikel *haben*. Wir tragen unsere Konflikte auf und in unserem Körper. Unser Ego mag uns nicht wirklich. Jetzt plant es sogar unseren Tod in dem Glauben, dass *es* dem Tod vollständig entkommen wird. Und *Ein Kurs in Wundern* zufolge hofft es darauf, uns bis in die Hölle selbst zu jagen. Unser Ego hat kein Interesse an uns, nur an sich selbst und daran, sich aufzubauen. Dies erzeugt einen Konflikt zwischen unserem Ego und unserem Höheren Selbst, das sich wirklich um uns kümmert, aber für das es schwierig ist, durch die unzähligen Fanfarenrufe des Egos nach unserer Aufmerksamkeit gehört zu werden.

Wenn du also Angst hast, unterstützt du das Ego, das der Autor deiner Angst ist. Eine meiner Lieblingslektionen aus *Ein Kurs in Wundern* lautet: „Es gibt nichts zu fürchten“ (Übungsbuch, Teil I, Lektion 48). Mir ist bekannt, dass linguistische NLP-Prinzipien besagen, dass eine Anweisung, die eine Verneinung enthält, tatsächlich einen impliziten Befehl darstellt, das Gegenteil zu tun. Doch habe ich bei meinen Studien festgestellt, dass spirituelle Anweisungen wie diejenigen aus *Ein Kurs in Wundern* von diesem Prinzip unberührt bleiben.

In *Ein Kurs in Wundern* besagt die Lektion „Es gibt nichts zu fürchten“, dass es, wenn du Angst hast, zeigt, dass du dich auf deine eigene Stärke verlässt anstatt auf die Göttliche Gegenwart. Und dass es, wenn du weißt, dass es nichts zu fürchten gibt, demonstriert, dass du dir irgendwo in deinem Bewusstsein, nicht notwendigerweise in deinem bewussten Verstand, Gottes bewusst bist und auf Seine Stärke vertraust. Während du „Es gibt nichts zu fürchten“ deklarierst, wächst das Bewusstsein für Gott in deinem Bewusstsein, bis es deinen bewussten Verstand erreicht. Sprich diese Worte mit fester Absicht und glücklicher Zuversicht in dem Wissen aus, dass du mit deiner Angst nicht allein gelassen wirst, weil sie, wie alle Emotionen, eine Illusion ist, die verblasst, während sich die Wahrheit nähert.

92

Alle Emotionen betteln entweder um Liebe oder um Besonderheit

Emotionen sind eine Reaktion. Es gibt eine schmerzliche Erfahrung, durch die wir zu bekommen oder zu nehmen versuchen. Das geschieht dadurch, dass die Emotionen entweder Mitleid und Besonderheit oder Mitgefühl, Hilfe, Barmherzigkeit und Liebe hervorrufen. Auf der tiefsten Ebene ohne die Heilungsabsicht ist eine Emotion eine Manipulation. Mit Emotionen sind wir uns jedoch häufig nicht des Versuchs zu nehmen bewusst, es sei denn, wir benutzen die Emotion sofort zur Heilung, wenn eine Reaktion auftritt. Wenn wir die Emotion nicht zur Heilung benutzen, manövrieren wir uns in eine Position, in der wir bedürftig sind oder schikanieren.

Wir wollen Liebe, glauben jedoch, schwach zu sein. Wir sind davon überzeugt, dass sich die Liebe außerhalb von uns befindet. Wir möchten die Unabhängigkeit nicht aufgeben, die wir gerade durch Leiden erlangt haben. Wir wollen also unser Bedürfnis erfüllt haben, und trotzdem wollen wir es auch nicht erfüllt haben – sonst würden wir die Unabhängigkeit verlieren.

Wenn wir es vorziehen, unser Ego aufzubauen und uns zu trennen, dann wird das zur Entscheidung für sowohl Unabhängigkeit als auch Abhängigkeit führen, weil die Abhängigkeit versucht, durch unser Leiden Aufmerksamkeit und Besonderheit zu bekommen. Wir haben dann ein noch gespalteneres Bewusstsein, als es zuvor zwischen Bedürftigkeit und Unabhängigkeit bestanden hat. Das hält uns in Angst und Konflikt über unsere Vorwärtsbewegung gefangen, und so bewegen wir uns nicht wirklich vorwärts.

Liebe ist es wert, die verborgene Unabhängigkeit aufzugeben, denn sie wird uns Glücklichsein bringen. Wenn du also zu dem gespaltenen Bewusstsein gelangst und der Schmerz bereits eingetreten ist, dann entscheide dich, ihn sofort zur

Heilung zu verwenden. Frage dich angesichts des Schmerzes: „Ist es das, was ich will? Was will ich?“ Und während du fragst, resoniert die Wahrheit tief in dir, und eine Schicht aus Konflikt und Illusion fällt weg. Stell dir diese Fragen, bis du die Liebe spürst und das Glücklichsein hast, das du willst.

93

Regeln

Regeln sind eine Abwehr zu unserem Schutz. Wie Rollen schränken sie uns jedoch in Wirklichkeit ein. Regeln werden zu Rezepten zum Handeln, die wir gewohnheitsmäßig und aus Routine befolgen. Regeln unterbrechen Spontaneität und die Großartigkeit von Ausdruck und Kunst. Unter der Abwehr der Regeln verbirgt sich Angst.

Ich bat einmal einen Workshop-Teilnehmer, seine Regeln für seine Partnerin in ihrer Beziehung aufzuschreiben. Am nächsten Tag legte er 457 Regeln vor, die er für seine Partnerin aufgestellt hatte. Viele davon widersprachen sich. Als das Vorlesen der Regeln beendet war, haben wir Tränen gelacht. Seine Regeln entsprachen durchaus den üblichen Vorstellungen über Beziehungen. Deshalb konnten sich so viele der anderen Teilnehmer mit dem identifizieren, was er aufgeschrieben hatte. Die meisten von uns erkennen nicht, dass es um eine Regelverletzung geht, wenn wir aufgebracht sind oder eine Emotion erleben, die uns aus der Bahn wirft. Alle Verstimmungen zeigen, dass eine unserer Regeln verletzt worden ist. Wie das alte Sprichwort jedoch sagt, sind Regeln dazu da, gebrochen zu werden.

Abwehr lädt Angriff ein, und wenn der Angriff kommt, versuchen wir, mehr Regeln aufzustellen, um die Kontrolle zu behalten. Das Ego möchte den Schmerz noch verstärken, während unser Höheres Selbst die durch Regeln kompensierte Emotion erkenntlich machen möchte, damit wir sie heilen können. Wenn eine Verstimmung zwischen uns und unserem Partner steht, können wir sie zu einer Regel zurückverfolgen, die gebrochen wurde. Wenn wir die Regel finden, können wir uns dazu entscheiden, sie in ein Prinzip umzuwandeln. Wenn etwas nicht so abläuft, wie es einem Prinzip entspricht, das wir haben, dann sind Kommunikation und ein Dialog darüber gefragt. Wo es eine verletzte Regel gibt, entsteht ein Streit darüber, wer recht hat. Tatsächlich haben bei einem Streit jedoch *beide* Partner Angst vor dem nächsten Schritt.

Regeln sorgen für Leblosigkeit in Beziehungen. Die Abwehrmechanismen und der alte begrabene Schmerz, der darunterliegt, führen nicht nur dazu, dass wir uns von unserem Partner zurückziehen, sondern auch, dass wir unabhängig bleiben. Unsere Regeln sollen sowohl unserer Beziehung als auch der Welt in dem Versuch, uns sicher zu machen, Gesetze auferlegen. Wahre Heilung erkennt an, was *Ein Kurs in Wundern* in Lektion 76 erklärt: „Ich unterstehe keinen Gesetzen außer den Gesetzen Gottes." Das heißt auch, dass ich meine Gesetze weder meinem Partner, meinen Kindern noch der Welt auferlegen muss.

Wir könnten uns dazu entscheiden, uns Gottes Gesetzen anstatt den Gesetzen der Welt oder sogar unseren eigenen Gesetzen zu unterstellen, die nur unseren Schmerz verbergen. Wir könnten uns dafür entscheiden, den Versuch aufzugeben, uns selbst zu schützen und stattdessen unsere Sicherheit Gott zu überlassen.

Lass uns Regeln finden, die wir aufgestellt haben, *bevor* sie zu Schmerzen führen. Wir wollen uns dafür entscheiden, dass die Regel und der ihr zugrundeliegende Schmerz in eine neue Vollständigkeit integriert werden. Stelle eine Liste der Regeln auf, die du für deinen Partner und für dich in Beziehungen hast, und entscheide dich dann dafür, sie loszulassen. Entscheide dich dafür, deine Regeln durch Prinzipien zu ersetzen.

94

Das Ausmaß der Unabhängigkeit

Unabhängigkeit verbirgt viele Dinge. Es ist eine Rolle und stellt daher keine wirkliche Freiheit dar. In dem Ausmaß, in dem wir unabhängig sind, können wir nicht empfangen. Unabhängigkeit verdeckt und kompensiert Bedürftigkeit, Angst, Gefühle der Unzulänglichkeit und genau den Widerstand, der unsere Probleme verursacht. Sie verbirgt Einsamkeit und alle die Verletzungen, die wir nicht akzeptieren können. Sie verbirgt Herzensbruch und Rache mit ihrer Kontrolle. Sie verschleiert Schuldgefühle, Groll, Urteil und Unwürdigkeit. Unabhängigkeit verbirgt die anderen großen Rollen, die sie im Rahmen eines Dreigestirns bestärken, das vom Ego benutzt wird, um seine Vorherrschaft zu behalten: die Rollen des Opfers und der Aufopferung. Das Ausmaß unserer Unabhängigkeit ist das Ausmaß unserer Angst vor genau den Dingen, nach denen wir streben: Partnerschaft, Intimität, die Erfüllung unserer Lebensaufgabe und Erfolg.

Das Ausmaß unserer Unabhängigkeit entspricht dem Ausmaß unserer Dissoziation. Paradoxerweise ist es unsere Verbundenheit, die uns ein Gefühl von Freiheit, Authentizität und Verbindung verschafft. Das Ausmaß unserer Abhängigkeit ist das Ausmaß unserer Schwierigkeiten, während Partnerschaft uns Leichtigkeit bringt. Das Ausmaß unserer Unabhängigkeit ist das Ausmaß, in dem wir nicht wirklich an Gott und den Himmel glauben, weil wir versuchen, alles selbst zu erledigen. Und es hält uns beschäftigt, das zu tun. Dabei dreht sich alles nur um uns hinsichtlich der Schwierigkeiten, die wir erleben. Das Ausmaß unserer Unabhängigkeit ist das Ausmaß, in dem wir keine Zuversicht, kein Vertrauen und keine engagierte Verpflichtung haben. Ohne Verpflichtung gibt es weder Leichtigkeit noch Fluss. Das Ausmaß unserer Unabhängigkeit ist das Ausmaß, in dem wir uns zurückhalten und uns nicht vollständig unserer Arbeit oder unserem Partner zuwenden.

In der Unabhängigkeit arbeiten wir hart, können jedoch nicht empfangen. Was als Fülle zu uns kommt, wird schnell aufgewendet, um den Stress abzuzahlen. Wir schätzen unsere Unabhängigkeit mehr als unsere Beziehung. Wir sind praktisch in jeder Hinsicht im Zwiespalt. Wir möchten bestimmte Dinge empfangen, schätzen unsere Unabhängigkeit jedoch mehr.

Das Ausmaß unserer Unabhängigkeit ist das Ausmaß, in dem wir uns in unserer unwahren, dissoziierten, übertrieben männlichen Seite befinden und unserer weiblichen Seite aufgrund der Angst vor ihren Bedürfnissen, Schmerzen und Schuldgefühlen nicht trauen. Nur dann, wenn wir die Kontrolle aufgeben und bereit sind, uns dieser Unabhängigkeit und unseren alten Emotionen zu stellen, können wir uns auf gegenseitige Abhängigkeit zubewegen. Das ist der Anfang des Gleichgewichts in unserem Leben und als Resultat davon auch eines größeren Erfolgs.

95

Alpträume und Alptraumfantasien

Alpträume sind Träume, deren Schrecken uns in Entsetzen ertränkt. Träume sind eine Form der Wunscherfüllung aus unserem unterbewussten und unbewussten Verstand, in dem wir unerledigte Angelegenheiten aus der Vergangenheit zusammen mit nicht akzeptablen Gedanken, Wünschen und Emotionen verdrängt haben. Dieses tiefere Bewusstsein kann auf einer Ebene funktionieren, die ganz anders ist als das, was in unserem bewussten Verstand enthalten ist. In der Tat würde unser bewusster Verstand, wenn er sich erlauben würde zu wissen, was in unserem tieferen Bewusstsein vor sich geht, wahrscheinlich vor Entsetzen erstarren. Stell dir vor, dass alle Entscheidungen über Unfälle, Krankheiten und Traumata hier in diesem tieferen Bewusstsein getroffen worden sind. Jede dunkle und böse Sache, die unsere Vorfahren oder wir in vergangenen Leben begangen haben, befindet sich immer noch in uns, und wir bestrafen uns dafür. Gleichzeitig benutzen wir die dunkle Emotion und die Programmierung in uns jedoch auch für einen bestimmten Gewinn. Der Alptraum hat einen Nutzen für uns.

Eines der Muster, mit denen das Unbewusste die Welt um uns herum programmiert, besteht darin, dass es aus der Wunscherfüllung, die unser Leben bestimmt, Geschichten schreibt. Wie viele Schreckensgeschichten hast du? Welche Wirkung haben sie auf dein Leben gehabt? Wofür benutzt du diese Alptraumgeschichten? Ist es das, was du willst? Machen sie dich glücklich? Was willst du wirklich?

Dann gibt es noch Alptraumverschwörungen. Das sind Alpträume, die chronisch zu sein scheinen, und das Ego erklärt uns, dass der einzige Ausweg der Tod ist. Unsere Alptraumgeschichten gehen Hand in Hand mit Todesgeschichten, Todesverschwörungen und Idolen vom Tod. Alptraumgeschichten sind nur wenig besser als Höllengeschichten.

Fantasien sind Wünsche des Verstands genau wie Träume. Es scheint verrückt zu glauben, dass wir Alptraumfantasien haben würden, aber was in unserem Leben geschieht, entsteht auch durch müßige Wünsche. Jetzt ist der Zeitpunkt gekommen, um diese Wünsche loszulassen. Heiße sie in deinem bewussten Verstand willkommen und übergib sie sofort deinem Höheren Selbst zur Heilung. Die Heilung unserer unbewussten Muster ist so einfach wie Loslassen, weil diese Hirngespinste des Egos davon abhängen, dass sie verborgen bleiben. Sobald sie entdeckt worden sind, können wir uns dazu entscheiden, sie loszulassen und nicht mehr länger in irgendetwas zu investieren, was so schrecklich wie Alptraum- oder Todesgeschichten, Alptraum- oder Todesverschwörungen und -idole ist. Wir könnten den Himmel bitten, sie durch Liebes- und Erfolgsgeschichten zu ersetzen. Wir könnten den Himmel bitten, unsere Urteile sanft durch Seine Liebe zu ersetzen.

Was auch immer in uns ist: Wir sind gekommen, um es zu heilen und ganz zu machen, bis nur noch Frieden und Unschuld herrschen. Im tiefsten Schmerz ist Gott als die Quelle der Heilung unser Verbündeter.

Heute wollen wir uns von allen dunklen Geschichten befreien, die wir nur finden können. Es gibt bessere Wege, um unser Leben spannend zu machen, zum Beispiel Intimität, das Abenteuer der Heilung oder Kreativität. Sie bauen unser Leben auf und erzeugen die Freude und die freudige Erregung, die aus Kontakt und Verbindung entstehen, anstatt dass wir uns halb zu Tode fürchten oder uns in schreckliches Leid begeben.

Vergebung führt zu Frieden, und Frieden führt zu Liebe, Fülle, Gesundheit und Glücklichsein. Das ist es, was wir wirklich wollen, wenn wir bessere Entscheidungen treffen als das, was unser Ego für uns vorhat. Frage dich mithilfe deiner Intuition: Wie viele dunkle Geschichten wie Herzensbruchs-, Schuld-, Bösewicht-, Rache-, Unwürdigkeits-, Hass- und Selbsthass-, Eifersuchts-, Machtkampf- und Leblosigkeitsgeschichten habe ich? Lass sie als einen schlechten Handel los. Gib auch all die Alptraumgeschichten und -verschwörungen auf, die dir mit dem schlechten Handeln in den Sinn kommen. Verzichte auf alle Todesgeschichten, -verschwörungen und -idole, die dir einfallen. Übergib sie alle deinem Höheren Selbst zur Auflösung. Bitte darum, dass deine dunklen Geschichten durch Gnade und Wunder ersetzt werden.

96

Jeder Angriff

Jeder Angriff, den wir körperlich oder in unserem Geist vornehmen, wirkt wie ein Bumerang. Du schickst ihn los, und er kommt als Angriff zu dir zurück. Angriffsgedanken kommen als Angriff und als Angst zurück. Urteil kommt als Aufopferung zurück. Dissoziation kommt als eine Kraft zurück, die das aufbrechen soll, was abgeschnitten wurde. Anschuldigung und Groll kommen als Selbstangriff zurück. Wie das alte Sprichwort schon sagt: „Wie man in den Wald hineinruft, so schallt es heraus." Oder man könnte auch sagen: „Alles bist nur du." Was du anderen auftischst, wird dir aufgetischt werden.

Unser Leiden weist auf einen Ort hin, an dem wir angreifen, um uns zu trennen, um unabhängig zu sein und Rache zu bekommen. Was wir als Angriff gedacht haben, verbergen wir vor anderen und uns. Dieses Verbergen hat zu einem gespaltenen Bewusstsein geführt und das Unterbewusstsein begründet. Denn es gibt bestimmte Dinge, die wir aus Angst nicht über uns selbst wissen wollten. Wir wollten ein bestimmtes positives Selbstbild behalten, das wir von uns hatten. Das hat es erschwert, das zu entdecken, was der Heilung bedarf und was die Wurzeln unserer Probleme waren. Stattdessen haben wir angeschuldigt, um unsere Schuldgefühle über das zu verbergen, was wir getan haben.

Da wir zurückbekommen, was wir aussenden, ist es wichtig zu erkennen, dass wir, wenn wir Liebe haben möchten, Liebe geben müssen. Das ist nicht die Besonderheit, die sich als Liebe ausgibt und die verlangt, dass andere uns das bezahlen, was sie uns schulden, und uns eine Sonderbehandlung gewähren. Es ist wirkliches Geben und das Empfangen, das dazugehört. Wenn du Dankbarkeit empfangen möchtest, sei dankbar. Wenn du anerkannt werden möchtest, erkennen andere und dich selbst an. Was du brauchst, wird erst dann zu dir kommen, wenn du in deinem Bedürfnis lange genug innehältst, um es zu geben. Gib das, was du willst oder brauchst, und es wird zu dir zurückkehren. Ganz gleich, was du aussendest, es kommt zu dir zurück, weil du das erntest, was du säst. Der Schmerz, für den du anderen die Schuld gibst, ist das, was du getan hast. Schmerz entsteht aus dem, was du tust, und deine Anschuldigung ist einfach dein Versuch, deine Schuldgefühle einem anderen Menschen anzuhängen. Dies erlaubt deinem Ego, die Schuldgefühle zu behalten, andere anzugreifen und dann dich selbst anzugreifen. Alles, was du einem anderen Menschen antust, tust du dir selbst an. Alles, was du einem anderen Menschen wünschst, wünschst du dir selbst. Alles, wofür du anderen die Schuld gibst, ist das, was du getan und geschickt verborgen hast.

Jetzt ist die Zeit gekommen, um Vergebung, Liebe und Segen deinetwillen und um der Welt willen auszusenden. Jetzt ist die Zeit gekommen, um dein Herz und dein Bewusstsein dem Himmel zu übergeben, sie segnen zu lassen und in die Welt zu senden. Übergib deine Geschenke und dein Leben dem Himmel, damit sie geweiht und gemehrt werden, damit der Himmel, während du deine Geschenke und dein Leben teilst, durch sie anderen Menschen seine Wunder schenken kann.

97

Ein Streit entsteht aus Groll

Groll führt zu Streit, und Streit führt hoffentlich zu Vergebung und Versöhnung. Wenn es jedoch keine Vergebung und keine Auflösung gibt, wächst der Streit oder wird er unterdrückt, nur um zu einem späteren Zeitpunkt wieder aufzutauchen. Ohne Vergebung werden weitere Fehler gemacht. Groll sind Fehler, die zu weiteren Fehlern führen. Groll verbirgt die Schuldgefühle, die der Groll kompensieren soll. Wenn Machtkämpfe auftreten, hört die Vorwärtsbewegung auf. Wachstum und Erfolg hören auf. Fehlwahrnehmung wächst und gärt.

Vergebung dagegen zeigt, dass niemand Schuld hat. Der Groll, den wir gegen andere Menschen hegen, und unsere Streitigkeiten darum, wer recht hat, entstehen aus dem Groll, den wir von für uns wichtigen Menschen in der Vergangenheit auf die jetzige Situation übertragen haben. Fehlwahrnehmungen, die in der Gebärmutter begonnen haben, wurden in Kindheitstraumata und Opfermuster übertragen. Auch wenn du die Gültigkeit einer derartigen Aussage in Frage stellen magst – ich habe mit Tausenden von Menschen gearbeitet, deren Opfer-Unabhängigkeits-Aufopferungs-Problem erst dann endgültig geheilt wurde, als das Missverständnis im Mutterleib beseitigt worden war.

Wir scheinen seit unserer Zeugung Entscheidungen zu treffen, die unser Ego aufgebaut haben, was die Fehlwahrnehmungen zur Trennung benutzt hat. Das ist es, was das Ego ist: Fehlwahrnehmung, Schmerz und Trennung. Auch wenn du diese Muster mithilfe von Hypnose finden kannst, ziehe ich seit Mitte der 70er Jahre vor, mithilfe der Intuition zur Wurzel eines Problems zu gelangen. Ein altes Sprichwort sagt: Probieren geht über Studieren. Wenn große Fehlwahrnehmungen im Mutterleib und in der Kindheit auftreten, dann hat das Muster, das sich zeigt, typischerweise unbewusste Wurzeln. Wenn Vergebung jedoch häufig genug oder vollständig geübt wird, wird die Fehlwahrnehmung, welche den Groll genährt hat, zur Wahrheit gebracht. Du weißt, wann du die vollständige Wahrheit erreicht hast, weil dann vollständiger Frieden und Unschuld herrschen. Du erkennst, dass niemand Schuld hat. Du verstehst, dass alles ein Fehler gewesen ist, und natürlich möchtest du den Fehler korrigieren, der dich in eine nachteilige Position distanziert hat. Du erkennst, dass das negative Verhalten, dass du wahrgenommen hast, der Hilferuf eines anderen Menschen war.

Wenn du, sobald du erkennst, dass du einen Groll hegst, oder sogar, sobald du erkennst, dass du beginnst, einen anderen Menschen nicht zu mögen oder gar zu verachten, mit der Vergebung beginnst, dann hast du einen Vorsprung dabei gewonnen, dich selbst und andere davon zu befreien, mit Streitigkeiten zu beginnen, die den Fluss unterbrechen und dich von der Liebe, der Fülle, der Gesundheit und dem Erfolg abhalten, den du verdienst.

Vergib deine Fehler und die Fehler anderer aus der Vergangenheit. Vergib deine Fehler aus der Vergangenheit, die andere für dich in der Gegenwart auszuleben scheinen.

98

Wen setzt du herab?

Einen anderen Menschen herabzusetzen bedeutet, zu konkurrieren oder beherrschend und herablassend zu sein. Es bedeutet, andere Menschen nicht mit Ebenbürtigkeit oder Gegenseitigkeit zu behandeln. Wen setzt du herab? Andere herabzusetzen wird denjenigen Menschen, die das tun, zur zweiten Natur. Vielleicht bist du dir gar nicht bewusst, dass du mit anderen Menschen, wie Bedienung in Restaurants, in Geschäften oder den Leuten, die dir an so vielen anderen Orten behilflich sind, herablassend sprichst. Sprichst du mit Kollegen, Mitarbeitern, weniger begabten, weniger kompetenten oder weniger intelligenten Menschen herablassend? Sprichst du jetzt, da du älter bist, mit deinen Eltern, deinen Geschwistern oder deinen Klassenkameraden auf herablassende Art? Schreist du deine Kinder, deinen Partner oder die Menschen an, die dir bei deiner Arbeit unterstellt sind? Lässt du andere auf subtile oder nicht so subtile Weise wissen, dass du der oder die Besondere bist? Herrschst du über andere aufgrund deiner Position, deines Geldes oder deines guten Aussehens? Herrschst du über andere, um etwas über dich selbst zu beweisen? Um etwas zu kompensieren?

Beinahe jeder, der sich überlegen benimmt, fühlt sich unterlegen und versucht, etwas wettzumachen. Dieses Verhalten beginnt beinahe immer in der Kindheit, wenn man schlecht behandelt wird. Diejenigen, auf denen herumgetrampelt worden ist, zahlen es anderen heim und herrschen über sie, wenn sie eine Machtposition und die Gelegenheit dazu bekommen. Dann gibt es noch die Menschen, die ein jüngeres Geschwisterkind wie einen persönlichen Bediensteten behandeln und dann allen Menschen gegenüber eine herablassende Haltung einnehmen, als wären sie jüngere Geschwister.

Der wichtigste Aspekt bei der Heilung besteht darin, über dein eigenes Verhalten nachzudenken und dir dessen bewusst zu werden. Frage dich dann mithilfe deiner Intuition: Ist dieses Verhalten oder Muster recht verborgen oder wird es stark kompensiert? Tust du das oder tut jemand in deinem Umfeld das? Tun andere dir das an? Wenn etwas davon wahr ist, hast du wahrscheinlich ein Muster der Beherrschungs-Unterwerfung in dir. Das weist auf ein gespaltenes Bewusstsein hin, und dieser Konflikt macht dir Angst vor dem nächsten Schritt. Wenn du andere herabsetzt, setzt du dich selbst herab und glaubst, dass andere dich herabsetzen können. Dann lebst du in Vergleich und Konkurrenz, was zu Unzufriedenheit, Schmerzen und der Leblosigkeit führt, die durch den dazugehörigen Rückzug entsteht, damit du nicht verlierst oder durch die Behandlung eines anderen Menschen herabgesetzt wirst.

Wenn du andere nicht mit Achtung behandelst, säst du jede Menge Missachtung, die du später ernten wirst. Der Grundsatz, andere so zu behandeln, wie du selbst behandelt werden möchtest, geht auf Jesus zurück.

Andere herabzusetzen bedeutet, selbst herabgesetzt zu werden. Menschen, die in Unwissenheit und Vorurteilen gefangen sind, verurteilen aufgrund von ethnischer Zugehörigkeit, Glaube oder Religion. Sie versuchen sich selbst zu erheben, indem sie andere herabsetzen. Aber das funktioniert nicht richtig, da du das, was du anderen antust, dir selbst antust.

Was denkst du über andere? Wie behandelst du sie? Wie behandelst du deine unmittelbare Familie und die Familie, mit der du aufgewachsen bist? Unterstützt du sie, wenn sie dir unterlegen scheinen? Verpflichtest du dich ihnen engagiert, wenn sie Hilfe benötigen? Denkst du von anderen geringer als von dir? Glaubst du im Geheimen, besser als dein Partner, deine Eltern und deine Geschwister zu sein? Das ist das Verhalten, das *dich* zurückhalten wird, jedoch dein Ego aufbaut. Wenn du in Teufelskreisen von Gewinnen und Verlieren, Überlegenheit und Unterlegenheit, Beherrschung und Unterwerfung gefangen bist, dann behandelst du andere mehr mit Überheblichkeit und weniger in Partnerschaft. Wenn du diese Teufelskreise hast, halten die Leute aufgrund deines Handels und deiner Einstellung weniger von dir, es sei denn, sie haben ein geheimes Bedürfnis, beherrscht zu werden.

In Partnerschaft zu gehen erzeugt Leichtigkeit und Fluss. In Partnerschaft zu gehen führt zu Erfolg, der dich aus Rollen herausholt und in authentischen Kontakt bringt. Durch egoistisches Verhalten fallen deine Aktien bei allen, deine Blindheit für dieses Verhalten wird jedoch erhöht. Ohne Reife und Ebenbürtigkeit wird deine Fähigkeit, zu empfangen, vermindert. Dann ist das Leben eher eine Prüfung. Da die Welt ein Spiegel deines Bewusstseins ist, setzt du, wenn du einen anderen Menschen herabsetzt, nicht nur dich selbst, sondern die Schönheit und das Licht selbst in der Welt ebenfalls herab. Denke darüber nach, wie du dich verhalten hast. Werde dir bewusst, dass du andere schlechter behandelt hast, als du behandelt werden willst. Entscheide dich neu. Lass zu, dass du ein lebender Segen bist. Lass zu, dass sich jeder, der dich trifft, durch diese Begegnung gesegnet fühlt, und jeder, der an dich denkt, ein Lächeln auf dem Gesicht hat.

99

Das Bedürfnis nach Anerkennung

Das Bedürfnis nach Anerkennung wird nicht anerkannt. Da wir es brauchen, scheint es uns zu entgehen. Wir können sehr hart arbeiten und hervorragend bei dem sein, was wir tun, und manchmal sogar ein richtiger Star sein. Wenn wir jedoch Anerkennung brauchen, wird sie nicht zu uns kommen. Menschen können immer wieder die beeindruckendste Arbeit leisten und dafür keine spürbare Aufmerksamkeit erhalten. Doch sobald sie das Bedürfnis loslassen, Anerkennung zu bekommen, erhalten sie typischerweise so viel Anerkennung, wie sie nur wollen und verdienen. Wenn jemand etwas braucht, hat er in Wirklichkeit ein gespaltenes Bewusstsein. Wenn er es nur vollständig haben wollte, wäre es keine große Sache, es zu empfangen. Alles, was das Bewusstsein vollständig will, empfängt es mit Leichtigkeit. Wenn es jedoch verborgene Absichten gibt, entstehen Schwierigkeiten, Verzögerungen oder harte Arbeit. Das zeigt, dass es andere verborgene Ziele wie Unabhängigkeit, Kontrolle oder Rechthaben gibt. Wenn das passiert, lähmt es deine Fähigkeit, dich vorwärtszubewegen und das zu haben, was du willst.

Lass heute dein Bedürfnis nach Anerkennung los. Dann wirst du feststellen, dass du dich friedvoll fühlst, ganz gleich, ob du Anerkennung erhältst oder nicht. Der Widerstand gegen Anerkennung, der immer mit einem gespaltenen Bewusstsein verbunden ist, wird nicht mehr vorhanden sein. Dies kann natürlich mit jedem Bedürfnis in deinem Leben oder deiner Beziehung geschehen. Lass dein Bedürfnis danach los, und du kannst so viel davon haben, wie du nur willst.

100

Hinter Unabhängigkeit verbirgt sich Angst

Die meisten unabhängigen Menschen würden nicht bemerken, dass sich hinter ihrer Unabhängigkeit eine Menge an dissoziierter Angst verbirgt. Ich erinnere mich dabei an eine Situation im Jahr 1975. Ich arbeitete damals mit Marinesoldaten im Drogen-Reha-Zentrum der Marine. Einer meiner Psychologenkollegen lud mich zu einem 32 Kilometer langen Gewaltmarsch in den Bergen mit seiner Truppe und dem üblichen 34 kg schweren Rucksack ein. Ich freute mich darauf, einen Tag mit Freunden und Kollegen zu verbringen, und sagte zu. Es war ein warmer Samstag mit einer Temperatur von 38 Grad Celsius. Die ersten fünfzehn Kilometer legten wir recht schnell zurück. Dann machten wir Pause und aßen die Marschverpflegung aus unseren Rucksäcken. Der zweite Teil des Marsches versprach ebenso einfach und vergnüglich zu werden. Ich konnte mit den sportlichsten Kollegen mithalten, und als ich in den nächsten Tagen über unsere Wanderung nachdachte, glaubte ich weiterhin, dass es, auch wenn ich ein Zivilpsychologe war, einen Teil von mir gab, der ebenso stark wie die Marinesoldaten war. Ich war davon überzeugt, dass ich vor nichts Angst hatte.

Das zeigte das Ausmaß meiner Arroganz und meiner Dissoziation! Wenige Tage später wurde mir klar, wie arrogant ich war. Ich sah, dass ich, anstatt vor nichts Angst zu haben, in der Tat vor allem Angst hatte, und zwar angefangen bei meinen eigenen Emotionen. Das war der erste Schritt dazu, mich aus den Fallen der Erwartungen, Forderungen und des Festhaltens herauszubewegen, die mit allen ihrem „Müssen“ und „Sollen“ zur ersten großen Phase der Unabhängigkeit gehören.

Später wurde mir klar, wie viel Schmerz, Herzensbruch und Bedürfnisse ich unter all der Kontrolle dissoziiert hatte, die ich in meinem Leben und meinen

Beziehungen ausübte. Der Tag, an dem ich diese Kontrolle aufgab, gehörte zu den furchterregendsten Tagen in meinem Leben. Aber es war auch einer der wichtigsten Tage, denn ich hatte mich in die falsche Richtung aufgemacht, denn mein Ziel bestand doch darin, für eine Lebenspartnerin verfügbar zu sein.

Die Phasen der Unabhängigkeit – Erwartungen, Kontrolle und die Tote Zone –, stellen eine Ebene dar, auf der wir uns emotional zurückgezogen haben, um uns zu schützen. Wir haben Angst vor der Liebe und unserer weiblichen Seite. Wir haben außerdem Angst davor, die Kontrolle zu verlieren, da unsere Unabhängigkeit unsere Angst vor Veränderung und vor dem nächsten Schritt verbirgt. Jedes Problem enthält in der Tat Angst als eine seiner grundlegenden Dynamiken. Die meisten Menschen erkennen jedoch nicht, dass das Ausmaß unserer Unabhängigkeit auch dem Ausmaß unserer Angst entspricht. Wenn wir unsere Angst überwinden, kommen wir auch über unsere Unabhängigkeit hinweg.

Unabhängigkeit ist die Überzeugung, dass wir es selbst und alleine tun müssen. Das ist natürlich weder gut für Beziehungen noch für unsere Fähigkeit, zu empfangen. In Unabhängigkeit haben wir dissoziierte Bedürfnisse, Angst, Herzensbruch und Schuldgefühle. Wenn wir unsere Emotionen und unsere schlechten Gefühle dissoziieren, werden wir auch nicht mehr in der Lage sein, unsere guten Gefühle zu fühlen. Wir haben auch unsere Fähigkeit dissoziiert, zu empfangen und zu genießen. Wir sind nur in dem Ausmaß verfügbar, uns mit einem Partner zu verbinden, wie wir über unsere Unabhängigkeit hinweggekommen sind. Wenn wir dissoziiert sind und Angst haben, sind wir gegenüber neuen Gelegenheiten verschlossen. Wir können die Liebe, die zu uns kommt, nicht fühlen, und auch die Gnade nicht empfangen.

Angst weist auf Gefühle von Unzulänglichkeit und einen Mangel an Zuversicht hin. Das erzeugt Stress, und jeder Konflikt erzeugt Angst. All unsere Unabhängigkeit und unsere Angst würden sich auflösen, wenn wir erkennen würden, dass wir es nicht alle selbst tun müssen. Wenn wir erkennen würden, wer mit uns geht, würden wir die Angst und die Dissoziation auflösen, während sie in einen neuen Frieden und eine neue Ganzheit integriert werden. Unsere engagierte Verpflichtung für Partnerschaft sorgt dafür, dass wir das Gefühl für Zuversicht und Liebenswürdigkeit wiedergewinnen können.

Zusammenfassung

Unser Herz will nur lieben. Das Ego-Bewusstsein will Vorherrschaft über andere. Es will das Beste sein. Es will Besonderheit gewährt bekommen. Es will über andere herrschen. Und wenn es diese Ziele nicht erreichen kann, dann heischt das Ego-Bewusstsein nach Aufmerksamkeit, indem es in Fallen, Fallgruben und Krankheiten hinabsteigt. Das Ego will Trennung, damit es Besonderheit haben kann. Es lüstet nach Besonderheit, als ob es dadurch glücklich werden würde. Wenn du jedoch auf dein Herz hörst, wird es dich leiten. Es ist deine Liebe. Es ist das, was du wirklich willst. Das Ego investiert in Schmerz, Angst und Schuld. Es kümmert sich nicht darum, dass du in tiefstem Herzen etwas Anderes und Besseres willst.

In deinem Herzen wohnt der Gott-Teil deines Bewusstseins. Dieser Aspekt ist nur Liebe. Er sieht alle als unschuldig – als Liebe und Geist. Er urteilt nicht. Weil er Liebe ist, sieht er nur Liebe. Gott möchte dir einfach alles geben. Deshalb möchtest auch du, wenn du dem Himmel näher kommst, einfach allen alles geben, genau wie Gott es tut. Das Herz ruft dich zum Himmel zurück. Das Ego nimmt dich mit in die Hölle. Du brauchst dir nur dein Leben anzusehen, um festzustellen, welchem Pfad du folgst. Dein Herz ist auf dein Höheres Selbst ausgerichtet. Dein Ego verbündet sich nur mit sich selbst, und wenn du es zulässt, benutzt es dein Bewusstsein für seine Agenda.

Der Ruf des Herzens ist stärker als die Fanfaren des Egos, aber du musst auf dein Herz und sein Bedürfnis, sich auszudehnen, hören wollen. Du musst deinem Herzen folgen, wenn du Liebe, Zärtlichkeit und die Wahrheit erfahren willst, die es bringt. Es appelliert an deine Barmherzigkeit und Vergebung und verwandelt so Illusionen. Es schenkt dir Verständnis, Mitgefühl und Verbundenheit.

Du darfst dich entscheiden, ob du ein Gastgeber des Himmels oder eine Geisel des Egos sein willst. Nichts, was das Ego tut, bringt Freude. Es will sich nur selbst verherrlichen. Es ist habgierig und selbstsüchtig, und es ist eine Illusion, die alle geschaffen und in die alle investiert haben. Der Ruf des Herzens wird deinen Pfad begradigen und dich wieder dorthin zurückbringen, wo du wirklich hingehen willst. Der Rest ist überflüssig und oberflächlich und führt dich auf einem sinnlosen Pfad zum Tod. Dein Herz verbindet dich mit anderen auf eine Weise, die dem Leben Sinn gibt. Es hilft dir, deinen Weg durch die Lektionen zu finden. Es ist dein Herz-Verstand, deine Seele auf ihrer Reise zurück zur Erkenntnis deiner selbst in Frieden und Freude.

Es liegt an dir, dich zu entscheiden, ob du dem Pfad des Herzens folgen oder dich mit dem Ego verbünden willst. Der Ruf des Herzens befreit dein Leben von allen Komplexitäten und macht es einfach. Du folgst nur einem Prinzip. Dies ist das Gegenteil deines Ego-Urteils, was die Schuld verstärkt. Der Pfad des Herzens ist ein Pfad der Ebenbürtigkeit und Gegenseitigkeit, bei dem alle gewinnen. Er kann sich nur durch die Anleitung deines Höheren Selbst und den Ruf deines Herzens manifestieren.

Danksagung

Ich möchte mich von ganzem Herzen bei Cilla Ordenstein bedanken, die mir das Leben durch ihr hervorragendes Büromanagement so viel leichter macht. Außerdem möchte ich mich bei Sunny Kukahiko, meiner Stenotypistin, und bei Mark Wadleigh bedanken, der als mein Lektor eingesprungen ist. Sie haben meine Bücher wesentlich verbessert. Mein besonderer Dank gilt meinem Verleger bei Via Nova, Werner Vogel, der so viel dazu beigetragen hat, meine Arbeit in die Welt zu bringen. Er ist eine wahre Inspiration für mich!

Keine Danksagung wäre vollständig, ohne mich bei meiner Frau Lency und meinem Sohn Christopher und meiner Tochter J'aime zu bedanken.

Und schließlich möchte ich mich bei allen meinen Klienten und Seminarteilnehmern bedanken, die mir so viel über Heilung beigebracht haben, und bei der Führung, die mich in diesen Situationen geleitet hat. Zum Schluss möchte ich *Ein Kurs in Wundern* und die zentrale Rolle anerkennen, die dieses Buch in meinem Leben hinsichtlich von Verständnis, Inspiration und Heilung spielt.

Weitere Bücher aus dem Verlag Via Nova:

Das Spiel des Lebens gewinnen

Die menschliche Existenz auf eine höhere Ebene bringen

Chuck Spezzano

Hardcover, 288 Seiten, ISBN 978-3-86616-376-8

Solange Du Deine Muster, Widerstände und Konditionierungen nicht wirklich erkannt und aufgelöst hast, bist Du ein Gefangener in diesem Spiel des Lebens. Die Frage ist ja: Worauf wartest Du? Und: Bist Du bereit für den nächsten Schritt? Dieses Buch kann die Eintrittskarte zu einem neuen Leben in einem erwachten Dasein werden. In seinem unermüdlichen Drang nach globaler Transformation und Heilung konfrontiert uns der weltberühmte Weisheitslehrer Chuck Spezzano schonungslos mit uns selbst und all unseren versteckten „Ego-Spielchen"! Es ist Zeit, den nächsten Level des Bewusstseins zu erreichen, und dieses Buch ist eine große Chance, das alte Spiel zu beenden, um im wahrhaftigen SEIN neu zu beginnen. In jedem Moment! (Your turn) Jetzt bist Du dran!

Karten der Sexualität

Liebe und Zärtlichkeit

Illustrationen von Petra Kühne

Chuck Spezzano

100 farbige Karten mit Begleitbuch (Paperback), 288 Seiten, ISBN 978-3-86616-375-1

Sexualität ist eine der wohl kraftvollsten menschlichen Energien überhaupt. So vielfältig und individuell die Erfahrungsräume dabei sein mögen, in der Essenz zeigt sich doch immer die Sehnsucht nach Liebe und nach dem Eins-Sein mit dem Göttlichen. Dieses neue Karten-Set mit einem ausführlichen Begleitbuch von Chuck Spezzano konfrontiert uns in unverstellter Ehrlichkeit und zugleich lebendiger Weisheit mit all den facettenreichen Aspekten und Seiten des Themas. Der Autor lässt uns innehalten, nachspüren und vergegenwärtigen. Er ermuntert uns, Hindernisse für die Liebe zu überwinden, egoistisches Verhalten zu durchschauen, ungesunde Muster aufzulösen und führt so zu mehr Nähe, Verbindung und Zärtlichkeit. Die exzellenten und künstlerisch hochwertigen Illustrationen unterstreichen noch die tiefgründigen Erkenntnisse des Weisheitslehrers Chuck Spezzano.

Worte der Kraft

aus „Ein Kurs in Wundern"

mit Interpretationen von Chuck Spezzano

Hardcover, 400 Seiten, ISBN 978-3-86616-358-4

Nicht viele Bücher der Menschheitsgeschichte haben eine solch große transformatorische Kraft und Dimension wie das Buch „Ein Kurs in Wundern". Auch der weltberühmte Weisheitslehrer Chuck Spezzano schöpft seit Jahrzehnten aus der göttlichen Inspiration dieses Meisterwerks. Er hat daraus für 365 Tage jeweils eine Botschaft in einem Satz ausgewählt und sie in einem kurzen Ausschnitt als Zitat in den Zusammenhang des Buchtextes gestellt. Er gibt dann seinen eigenen Kommentar zu den ausgewählten „Worten der Kraft", tief berührende Erläuterungen, Anregungen, Anstöße und Interpretationen. Dieses Buch ist ein wahrhaftiger „Seelen-Begleiter" im Alltag, durchdrungen von göttlicher Weisheit und Liebe. Es enthält Worte, die unser tiefstes inneres Sein nähren und erhellen können, und ist bestens geeignet für alle, die „Ein Kurs in Wundern" erst noch kennenlernen möchten.